# 腾讯你学得会

陈昱 著

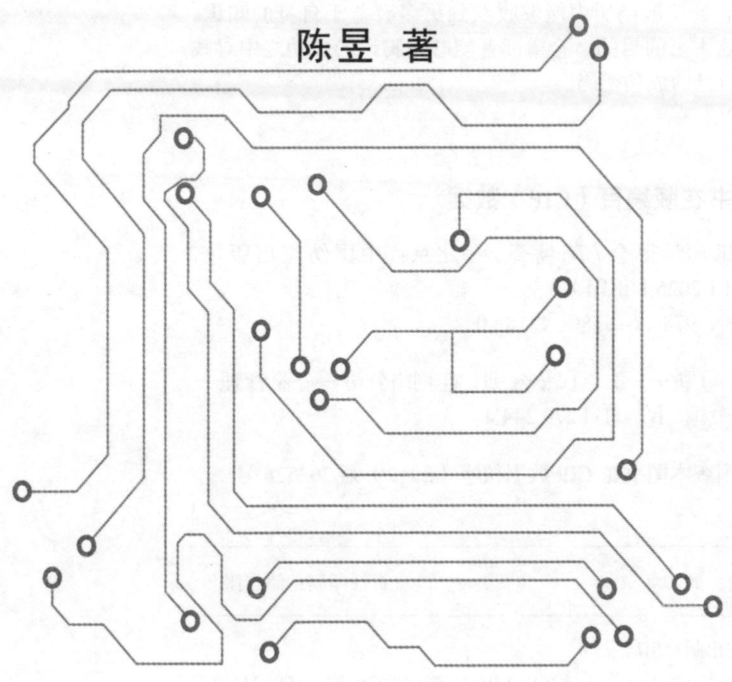

中国纺织出版社

国家一级出版社

全国百佳图书出版单位

## 内 容 提 要

从一个小小的社交软件公司发展成为中国互联网公司的巨头，现在的腾讯依然在高速向前狂飙，但它并不是一匹脱缰的野马，它有着明确的发展方向和规划，而它也正是凭借这一点才取得了今天这样的成功。

“腾讯你学得会”。你学习它的什么？商业模式、企业文化、发展规划这些大面上的东西我们当然能够学到，而在本书中，你还将会学到更多腾讯成功的细节。通过一个个生动翔实的案例破解腾讯成功的密码，让读者在了解腾讯的同时，从它的发展经历中能够收获到更多有益于自身的知识，正是写这本书的目的。希望读者能够在腾讯的成功之中寻找到属于自己的成功密码。

**图书在版编目（CIP）数据**

腾讯你学得会 / 陈昱著. —北京：中国纺织出版社，2017. 11（2025.1 重印）

ISBN 978-7-5180-4218-0

Ⅰ. ①腾… Ⅱ. ①陈… Ⅲ. ①网络公司—企业管理—经验—中国 Ⅳ. ① F279.244.4

中国版本图书馆 CIP 数据核字（2017）第 262526 号

---

策划编辑：顾文卓　　责任印制：储志伟

---

中国纺织出版社出版发行
地址：北京市朝阳区百子湾东里A407号楼　邮政编码：100124
销售电话：010—67004422　传真：010—87155801
http://www.c-textilep.com
E-mail: faxing@c-textilep.com
中国纺织出版社天猫旗舰店
官方微博http://weibo.com/2119887771
永清县晔盛亚胶印有限公司印刷　各地新华书店经销
2017年11月第1版　2025年1月第2次印刷
开本：710×1000　1/16　印张：16.5
字数：189千字　定价：85.00元

---

# 序言

从最初的五人创始团队发展到现在拥有上万人的互联网帝国，马化腾的这只“企鹅”究竟有着什么魔力？创业是一段艰辛的旅程，很多人都倒在了创业初期的路上，真正能够建立起属于自己的“帝国”的人则是少之又少。但马化腾不仅做到了而且还越做越好，在他的带领下，“企鹅”一路过关斩将，建造了一个复杂又庞大的互联网帝国。腾讯帝国的建立可以说是中国互联网的一个奇迹，但却并非是独一无二、不可复制的奇迹，腾讯的奇迹可以学习，更可以复制。但复制难道真的要比原创容易吗？

想要通过复制获得成功并不容易，但我们可以从成功者那里学习方法，并将其运用到自己的生活和工作之中，用成功者的经验指导自己，总要比自己漫无目的地寻找要强得多。腾讯就是一个可以复制学习的成功案例。在这本书中，我们将从多种角度解读马化腾与腾讯的成功之道，通过对于马化腾在关键时期对腾讯的战略性调整进行详细分析，为读者提炼出其中的现实道理，从而在理解腾讯战略布局的同时，发现有益于自身的方式方法，可以说这并不是一本关于成功的书，而是一本关于方法的书。

腾讯帝国庞大而复杂，与创业初期相比，现在的腾讯已经发展成熟了，但是它的激情似乎仍然没有淡去，甚至大有“暴发”之势，腾讯依然在不断地地扩展它的版图，没有人知道它下一步会走向哪里。因为在马化腾的手中拥有着太多可供选择的牌可打。可能有人会认为选择多要比没选择要好，但事实上正是因为选择过多才会容易出错。当你的手中只有一两张牌的时候，你可以轻松地做出选择，而当你的手中握着一大把牌时，你的每一次出手就会慎之又慎，因为选择太多，结果也就千差万别。

更多的选择会带来更多的不确定性，而每一个不确定性都将会对一个庞大的帝国造成极为深远的影响。前面在形容腾讯帝国时用到了“庞大而复杂”，其实这并不完全准确，在它们的后面还应该加上“结构明晰”才对。马化腾的腾讯帝国虽然庞大复杂，但是却拥有着严密清晰的组织结构，在这些组织结构的各个枝点上马化腾一步一步打出了自己手中的牌，这可以最大限度地发挥自己手中牌的效果，同时万一产生不良影响，也能更为精确地进行控制，这是腾讯帝国能够维持长盛不衰的关键。

如果说到技术，可能腾讯的技术并不是中国互联网市场中最具代表性的，但是如果从产品的角度来说，在中国互联网市场之中，可能没有谁能够和腾讯相较。很多人开玩笑说那是因为那些能够与腾讯相比较的公司都已经被“模仿”掉了，“模仿”这个词一直围绕着腾讯，这不仅让腾讯成为众矢之的，也使得马化腾这个领导者成了“全民公敌”。说到模仿，我们这本书也是在讲模仿，恰恰我们要讲的正是模仿腾讯，我们将在这本书中详细地为大家介绍腾讯自成立到发展壮大过程中的重要事件，通过这些事件来为读者揭示出腾讯成功的密码。但是，有了密码我们就能模仿一个同样成功的腾讯吗？

很显然，答案是否定的。模仿绝不会为任何人带去成功，自然这对腾讯也是一样的，而事实上它却已经成功了，这其中的原因我们将放在正文中详细为大家介绍，在这里可以告诉读者的一点是，腾讯靠模仿并不能够取得成功。

技术是一方面，产品是一方面，这都不是决定最终市场结果的关键因素，真正对市场起到决定性作用的是用户，市场中的用户满意度决定了企业的市场效果。马化腾早在创立腾讯之前就已经了解到了用户的重要性，在他开发自己的软件程序时，便总是从实用性的角度出发，他认为使用价值是产品最基础的属性，只有完成了基础的搭建，才能去考虑上层的产品附加价值，而基础的搭建工作则必须要从用户的角度出发。马化腾将自己的这种思想深深地植根于腾讯的价值体系之中，形成了腾讯“一切以用户价值为依存”的经营理念，这正是腾讯能够获得数亿用户的重要因素。

在腾讯的帝国之中，起到支撑作用的是人，不同性格不同才能的人架构起了庞大的腾讯帝国。而在这些人之中，马化腾无疑是最为重要的一个。很多人不理解为什么偏偏是马化腾创立了腾讯，而且做得如此成功。这也正如阿里巴巴成功时人们对于马云的质疑一样，在了解了马云的经历之后，人们才发现，马云就是中国的“乔布斯”啊，他个性张扬、充满自信，他有敏锐的思维和非常优秀的表达能力，所以人们会自然而然地将这些品质定义为成功的必备素质。我们不能说这有什么错，但事实上这种观点却并不完全正确。马化腾便是个内向的人，他很少在媒体前露面，甚至有一些技术型人才的“宅”，但这也并没有影响到他的成功。所以我们没有办法从那些成功人士身上摘下那些“美好的品质”来放到自己身上。这个模仿不来，却可以学习。我们将通过对于马化腾的成长经历的介绍，为读者带去一种可供学习的成长方法。

正如前面所说的一样，这不是一本关于成功的书，而是一本关于方法的书。我们在这本书中介绍并分析了马化腾和腾讯的成功案例，但读者却并不能单纯地依靠“模仿”和“复制”来将这些东西粘贴到自己的工作和生活之中去，只有在理解了其中的方法之后，通过自己的思考，结合每个人不同的现实状况，将这种方法内化到我们自身之中。没有人能够依靠模仿成功，成功的人都有着自己的方法。

# 目录

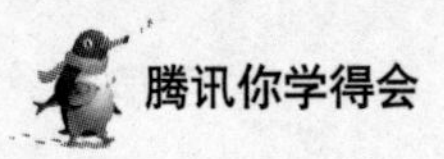

# <<<引　子

# 解构腾讯帝国的真相

1998年11月11日，马化腾与张志东在广东省深圳市成立了“深圳市腾讯计算机系统有限公司”，开始了自己的创业之路。随着许晨晔、陈一丹和曾李青的陆续加入，腾讯帝国的“五虎”集结完毕。公司最初主要的业务是拓展无线网络寻呼系统，为寻呼台建立网上寻呼系统，马化腾和几位创始人在创业之前从事的也正是这方面的工作，可以说在业务上是十分对口的。正是以此为起点，腾讯的“五虎”开始了漫长的创业征程，一步步地建立起了腾讯帝国的大厦。

现在的腾讯已经发展成为一个超过3万人的庞大的队伍，这对于马化腾来说既是一种成绩，也是一个挑战。成绩在于庞大的人才队伍所提供的创新福利，拥有如此多的优秀员工，对于腾讯的发展是十分重要的。而挑战则在于如何高效有条理地去管理这样庞大的人才队伍。从现在腾讯的发展状态来看，马化腾已经很好地完成了腾讯的人才队伍管理工作，如此庞大、复杂的互联网帝国依然能够有条不紊地向前发展，优秀的组织体系是必不可少的条件，这也正是值得许多创业者所学习的地方。

腾讯的组织结构呈一个三角形，位于最顶端的是最高管理部门总经理办公室，又被称为“总办”。紧随其下的是许多不同类型的事业群，这些事业群各自分管着不同领域的商务活动。在事业群下面是许许多多不同的业务部门，每个事业群根据负责的领域不同，业务部门的种类也各不相同，有的业务部门负责一块工作，有的业务部门负责多块工作。

一个企业在不同的发展阶段，其组织管理机构也是不同的。在一个企业发展到一定程度时，过多的层级划分将会降低企业的运作效率。为了能够更好更全面地发展业务，企业必须通过设立不同的业务部门来负责不同的业务工作，在提高效率的同时也可以在不同的领域寻求更加深入的发展。

腾讯的总经理办公室相当于一个最高的管理机构，同时也是腾讯最高的决策小组，主要由高级执行副总裁及其以上职位的人组成。这一机构主要负责把控企业发展的大方向以及企业的转型升级、结构调整等问题，同时还负责协调下设的各事业群之间的工作关系。在具体的工作上，“总办”更多的是将权力下放给各事业群组的负责人，最大限度地给予各部门开展工作的自由。所以，在腾讯的内部，各个业务部门之间不仅相互对立，而且似乎存在着一层相互竞争的关系，除了面对市场客户外，他们还需要通过“总办”的考察，所以无论是各事业群还是下属的不同业务部门，对于“总办”而言都是一样的，在这一体系之中，业绩是考核的重要标准。

当然除了内部的合理竞争之外，在面对外部市场竞争时，各部门之间便需要团结在一起共同作战。而在这其中，“总办”所起到的就是一种协调人的作用，“总办”需要统筹各部门之间的工作，作为一种纽带将各部门之间联结起来，从而使得公司在对外部的竞争中，能够取得优势，并最终获得胜利。

一个良好的企业组织体系，位于顶端的管理层起到了至关重要的作用。管理层对于权利的把控是整个体系能否有效运转的关键，根据企业的不同情况，选择收权或是放权，从而使得下属的部门能够更好地去完成自己的工作，这对于企业来说十分重要。收权可以防止下属部门仗权独断，放权可以让下属部门放手创新，如何掌握好其中的度，是企业管理部门需要思考的问题。

在总经理办公室之下，腾讯设立了七大事业群，分别负责着不同的业务领域：

互动娱乐事业群（IEG）：腾讯互动娱乐是腾讯最具影响力的互动娱乐品牌，它已经成为全球领先的互动娱乐服务平台。在腾讯互动娱乐事业群下包含了腾讯游戏、腾讯文学、腾讯动漫等许多不同方面的互动娱乐业务平台，从而为用户提供文学、动漫、游戏、影视等多个方面、不同角度的高品质互动娱乐体验。其中，腾讯更提出了"泛娱乐"的发展战略，在多领域寻求突破和发展，通过粉丝经济全面营造互动娱乐新时代，不断探索全球范围内的互动娱乐新模式。

移动互联网事业群（MIG）：这一事业群主要从浏览器、网络安全、网络搜索、应用商店等几大方面为用户提供互联网服务，同时还负责移动互联网智能硬件业务的研发和探索，是腾讯移动互联网业务发展的重要组成部分。

网络媒体事业群（OMG）：主要为华人用户提供网络媒体服务，通过腾讯网、腾讯微博、腾讯视频三大核心平台，为用户提供多角度的需求服务，从而打造出中国最具网络影响力的媒体平台。

社交网络事业群（SNG）：QQ 和 QQ 空间是这一事业群主打的社交平台，主要为用户提供社交网络和优质的通讯等多项综合性服务，在不断拓展创新增值业务的同时，为更多的用户创造更多的价值。

微信事业群（WXG）：微信作为当下最为流行的移动社交平台，与 QQ 一起构筑起了腾讯的社交通讯网络，自 2011 年推出以来，微信以它全面的功能改变了人们交流沟通的方式，不仅是个人用户，企业用户也可以通过微信获得广告宣传的机会，可以说微信已经改变了用户的社会生活。2014 年 5 月 6 日，腾讯成立微信事业群，主要负责微信平台的基础运营及开放管理、微信支付和微信营销等拓展业务。自此，微信独立于腾讯的网络社交体系，开始了独立探索发展的道路，这也是腾讯从产品到企业战略体系发展的重要表现，并将对腾讯在未来的发展起到更为重要的作用。

企业发展事业群（CDG）：这一事业群主要为腾讯的新业务发展提供专业的集成平台，在培育腾讯的新业务和国际业务的同时，为腾讯的各种业务发展提供战略帮助及支持。

技术工程事业群（TEG）：技术工程事业群运营着亚洲最大的网络和服务器集群以及数据中心，同时在云运营平台、云数据处理平台以及海量应用支撑服务平台，为用户提供云计算服务和安全保障工作。通过为腾讯提供互联网行业全方位的运营解决方案和服务来推动腾讯各项业务的稳定发展。

七大事业群支撑着腾讯帝国的发展，我们可以看到这七个事业群中既有单独发展业务的独立部门，又有为其他事业群提供技术及服务支持的业务部门。其中企业发展事业群在企业战略发展的角度为其他事业群提供发展战略和资金投资，而技术工程事业群则专门为其他事业群提供技术方面的服务，其他几个群组在业务上相互独立，又能够彼此互助，是一种良性的企业组织结构。

对于一个企业来说，组织机构的设置往往是越精简越高效，在保证可以顺利完成工作的情况下，精简的人员和部门配置将会更加利于管理，利于各部门去开展工作。腾讯这七个事业群组的划分，充分将自身的业务板块分门别类地加以划分，不仅可以全面地管理各业务板块，更能够在单一领域中进行深入探索。

而在各个事业群之下，则有着不同的具体业务部门，由于事业群的不同，业务部门在设置上也会有所不同，各业务部门相互独立，拥有较高的自主性。在腾讯的管理制度之中，总经理办公室大多数起到规划全局方向的作用，对于各事业群、各业务部门的业务很少干涉，所以腾讯的业务部门可以自主选择业务发展方向，以及产品拓展工作。但“总办”不管，并不意味着完全的放任自由，各业务部门还需要由各事业群来指导具体工作的开展。

腾讯便签：

良好的组织管理结构，是腾讯帝国发展壮大的重要因素，合理的团队配置，高效的工作流程，将使企业的业务拓展和产品研发更快完成。在企业不同的发展阶段合理地调整企业组织结构，对于企业的发展具有重要的作用。

## 解读“小马哥”的成长之路

在腾讯之中，大家都习惯称呼马化腾为“小马哥”。与《英雄本色》中的“小马哥”不同的是，马化腾缺少那种玩世不恭的个性，而与电影中“小马哥”相同的是，马化腾也是一个重情义的人。在马化腾创立腾讯之前，人们往往称呼他为“小马”，这种称呼可能算是社会上流行的最为普遍的称呼了，而被这样称呼的人，除了年龄较小资历较轻之外，大多都是不善言谈、性格内敛的人，当然马化腾也并不例外。

在了解一个人的发展之路时，童年时代往往是最容易被忽略却又是最为重要的时间段。作为每个人人生的起点，童年的经历往往会对一个人日后的发展产生重要的影响。不仅是成功人士，普通人也是一样，我们可以试着回想一下童年时的自己，然后再看一下现在的自己，仔细回味一下自己的成长过程，我们就会发现童年生活对于我们今天的深刻影响。

而在成功人士的身上，这种影响往往表现得更加强烈，更具有代表性。想要了解马化腾的成功，其学生时代的成长经历是我们不能忽视的。马化腾为什么会从事计算机行业？为什么会创造腾讯？为什么能够获得今天这样的辉煌？这些问题的答案都与他在创业之前的经历息息相关。

1971 年 10 月 29 日，马化腾出生在海南岛东方市的八所港，由于父母都是港务局的职工，所以马化腾的生活条件还是比较优越的。在八所港长大的马化腾从小便接触到了许多科学知识，其中天文学是他最为感兴趣的学科，这一兴趣也在很长时间影响着马化腾，即使到了现在他依然对于天文学充满着好奇。但最终马化腾却并没有走上天文学研究的道路，马化腾的转变开始于深圳大学时期。

1989 年马化腾在高考之中取得了超出重点线 100 分的优异成绩，以这样的成绩他可以选择中国的任何一所大学，但由于一些原因，最终大多数像马化腾一样的深圳考生都选择填报了深圳大学。可能是命运使然，在深圳大学中并没有开设天文学专业，所以马化腾选择了另一个改变了他一生的专业——电子工程系的计算机专业。就这样，马化腾在全新的世界里开始了自己丰富多彩的人生旅程。

很多时候我们都会谈到兴趣对于一个人成长的巨大影响，但实际上我们在研究许多成功人士的经历之时会发现，他们大多数并没有依靠自己的兴趣取得成功，反而是在一些其他的领域中展现了自己的能力。那么兴趣和成功之间到底有着怎样的关系呢？我们没有办法给出一个明确的答案来说明二者之间的关系，因为单纯地从一个因素出发去讨论成功是十分片面的。从马化腾身上来看，他童年的生活条件相比于其他人要优越，他在很小时便接触到了计算机，但这难道就能够成为马化腾成功的因素吗？显然是不能的，正如很小的细节都可以招来失败一样，我们生活中的每一个举动都可能决定我们未来的成功，但在做出这一举动时我们往往是不知情的。

马化腾不会想到，在选择了计算机专业的 20 多年之后，自己可以创造一个无与伦比的互联网帝国，不仅是他想不到，任何一个人都不会料想到这种事情。深圳大学正如深圳这座城市一样，年轻而富有生机。在这里，马化腾彻底沉浸在计算机技术的学习之中，他将自己的精力全部投入在了 C 语言的学习上。不过，马化腾对于自己有着很清楚的认知，他知道自己在技术方面的缺陷，同时也明白自己在应用方面的过人能力，也许正是出于这样的考虑，马化腾在创业时才会拉上自己的同班同学张志东，这可是位在计算机算法方面有着非凡能力的人。

一个真正了解自己的人，是清楚自身弱点的人，而善于借助别人的优势弥补自己缺陷的人则最有可能成为一个成功的人，没有人能够成为十全十美的人，但我们却可以通过“借力”来达到这一点。

在大学生涯结束之后，马化腾进入润迅通信公司工作。在大学实习期间，马化腾自己设计了一款分析股票行情的软件，为自己挣得了第一桶金的同时，也为他敲开了润迅通信公司的大门。当时的润迅通信公司是一个才创办一年的企业，但却是一家极具传奇性的企业，它通过为用户提供寻呼台服务而不断发展壮大，最终成为中国南方最大的寻呼台服务企业。在这家公司中，马化腾学到了许多有价值的东西，同时从润迅的兴衰之中，马化腾也看到了市场的变幻莫测。虽然在润迅已经做到了主管级别，但马化腾给人的印象依然不那么深刻。

马化腾在润迅认真负责、兢兢业业，他性格内向，所以存在感不强。但在马化腾的内心，另一种个性却在另一个世界中支配着他的行动，甚至可以说是另一种个性成就了马化腾。

另一个马化腾存在于“马站”之中，这是马化腾开通的惠多网深圳站的名称，原名为“ponysoft”，因为pony的中文意思是“小马驹”，所以这一网站又被称为“马站”。惠多网是一种诞生于美国的电子布告栏建站程序，它通过电话线连接，信件发送采用点对点的方式。它不同于互联网，不支持在线交流，并且一根电话线只能一个人用。因为费用的问题，在“马站”创办之时，国内只有不到十个站点，在这些站点中，马化腾的站点可以算是最为豪华的一个。

马化腾将自己的第一桶金全部投入其中，他用5万元的巨款在家里拉了四条电话线，并且配备了8台电脑，这样他便可以同时接收到4位用户的传送申请。这让马化腾的生活顿时变得丰富了起来，正如他多年之后所说的：“那时候我们所有计算机软件编程人员，以为所有的编程都是在本地进行的。第一次看到通过远程的站台看到屏幕上吐出文字的时候，非常激动，感觉开启了一个新的大门一样，我觉得这是当时网络的开始。”在“马站”中的马化腾被网友称作“话痨”，他喜欢喋喋不休地与别人反复探讨同一个技术问题，不断地征求用户的意见，不断地回复用户邮件，从来不会感觉到厌倦。

很多时候我们都会在另一个领域发现不同的自己，在现实生活中的马化腾是沉稳安静的人，而在互联网世界中，他就变得异常活跃起来，因为这是他擅长的领域，而也正是在这里，他以用户的体验为主的思想开始慢慢萌发，这也成为腾讯在日后的发展之中最为重要的价值理念。

1995年以后，互联网的气息在中国越来越浓厚，身处在互联网圈中的技术爱好者们都发现了这一新时代的趋势。最先在这条道路上取得成功的是网易的丁磊，这位不久之前马化腾曾经接待过的惠多网网友取得了如此大的成功，对于马化腾而言是一个不小的刺激，对于同样是互联网技术的研究者，马化腾并不希望自己落在他人身后，所以在1998年之时，他和自己的同学张志东一起创办了腾讯，开始了互联网创业的征程。

腾讯便签：

在做一件事情之前弄清楚“你是谁”很重要，在这之后再去考虑“这件事情怎么样”，而在这一过程中不断地丰富自己的技术水平和知识水平是十分重要的事情。时代并不会制造英雄，它只是为那些英雄们准备了一个施展拳脚的舞台而已，在这个舞台之上，考验的永远都是真才实学。

# 解密腾讯成功的密码

2016年9月，成立了18年的腾讯公司市值突破2万亿港元，成为全亚洲市值最大的公司。18年的时间是一个人从出生到成年的时间，这段时间大概相当于人一生时间的四分之一。而对于一个企业来说，这仅仅是一个百年企业的起步发展阶段，但马化腾却带领腾讯在这短短的18年间，创造了市值2万亿港元的庞大的帝国，这是一种巨大的成功。

成功虽然难得，却是可以复制的，即使如马化腾的腾讯帝国也是如此。纵观腾讯的发展历程，仔细分析就会发现，腾讯的成功是有着一定的方法的。对于时机的把握、对于产品的宣传、对于市场的布局，这些都是腾讯取得成功的方法。在市场之中，也有着许多其他的企业依靠这些方法而成功，但却少有如腾讯这样以极为迅猛的速度，取得如此巨大成功的案例，在腾讯的身上存在着一些特殊的成功密码，只有破解了这些密码，我们才能真正地发现那些推动腾讯不断走向成功的重要因素。

马化腾曾经说过："腾讯的成功得益于一直通过创新满足用户需求，获得收入和利润，今天的一切成就都是服务好用户的自然结果。"马化腾将创新和满足用户需求放在了一起，在他看来满足用户的需求是企业的最终目的，而不断创新则是满足用户需求的最佳途径。许多人认为腾讯所谓的"创新"和"抄袭"是同一个意思，外界对于腾讯的"抄袭"也早已诟病已久。可是，"抄袭"是不可能让一个人长久地获得成功的，腾讯的

“抄袭”更多的还是依靠自身的技术实力。

在百度百科中对于创新的解释是“指以现有的思维模式提出有别于常规或常人思路的见解为导向，利用现有的知识和物质，在特定的环境中，本着理想化需要或为满足社会需求，而改进或创造原来不存在或不完善的事物、方法、元素、路径、环境，并能获得一定有益效果的行为。”很多人因此认为创新就是一种创造新的东西的行为，这种理解不能说错误，但却显得十分片面。其实创新本身具有三个层面的意义，第一层是更新，第二层是创造新的东西，第三层则是改变。我们可以试着从这三个层次上面去分析腾讯的行为是不是“创新”。

QQ 作为腾讯最具代表性的产品，它的诞生和发展历程就是腾讯一系列创新的过程，当然也有人认为这是腾讯“抄袭”的开端。许多人都知道最初的 QQ 叫做 OICQ，是模仿国外的一款名为 ICQ 的软件而开发出来的，当时的 ICQ 是全英文版的界面，并且只能够与在线用户聊天，关于好友的信息和聊天记录只能存储到本地电脑中。而马化腾在开发 OICQ 时充分考虑了这些问题，在推出中文版的 OICQ 的同时，他还创造性地将用户的信息存储到了服务器中，这也就是说，只要是有网络的地方就能查询到这些信息。同时在线的用户还可以给没有在线的用户发送留言。与其他收费软件不同的是，马化腾将 OICQ 免费发布供用户下载，虽然损失了很大一部分卖软件的费用，但这也为 QQ 日后庞大的用户基数奠定了重要的基础。

除了这些对于 ICQ 的改动外，马化腾从中国市场和用户的角度出发始终对 QQ 进行着功能性的更新，在不断满足用户需求的过程中，也让 QQ 成为一个具有丰富功能的社交通讯软件，进而使得 QQ 逐渐发展为用户人数最多的社交软件平台。一个“抄袭”而来的产品是不会具有长久的生命力的，狭隘地将创新定义为“创造新的东西”的想法是不利于创新思维的发展的。不断改变，不断更新，也可以创造出新的东西，创新精神正是在不断地思考、研究、更新、改变中发展而来的。

毕加索曾说过：“好的艺术家抄，伟大的艺术家偷。”适当地借鉴前人的创造是可以的，但完全照搬的人是无法成为伟大的艺术家的，创新不等于创造，它不单纯是发明一个从无到有的东西，而是为一个东西增加更多的价值。

腾讯对于产品的不断创新，其出发点都是在于满足用户不断变化的需求。马化腾认为：“创新来源于对用户需求的准确把握和对产品的不断打磨，资源只是加法，产品的价值力才是王道。”而对于如何准确把握用户的需求，马化腾则认为并没有什么好的方法，只要自己成为用户，才能够感受到用户在使用软件之时的体验。做产品的专业人员需要不断变换自己的身份，从普通用户和专业人员的角度多方面地去考察自己的产品。

在这方面，马化腾总是身先士卒，也是出于他对网络的痴迷，所以总是可以发现许多别人没有发现的问题。在QQ刚刚诞生时，马化腾成为第一个用户，除了日常的工作外，剩下的时间他基本上都是泡在QQ上，不断地地找人聊天，除了自己找问题，还鼓励其他用户一起找问题，正是在这种情况下，QQ才能够从最初的无人问津，发展成为中国最为火爆的即时通讯工具，而也正是不断地地寻找问题和完善功能，QQ才能在与MSN的战争中取得胜利。

对待微信他也采用了这样的方法，每天，微信的管理人员收到最多的可能并不是用户所提出的改良意见，而是自己的老总所提出的修改方法，即使在凌晨三四点时，程序员也会时不时地接到某项问题需要修改的邮件。即便是现在马化腾依然一有时间就泡在网上，所以在腾讯的产品推广到用户之前，往往需要先经过他这一面“防火墙”。

很多时候，产品的价值被量化为一定的商业数额，这是对于产品价值的一种误解。产品的真正价值是满足用户的需求，用户的口碑是产品价值的最好体现。在新的市场环境之中最为宝贵的资源便是用户，赢得了用户的支持就可以赢得广阔的市场。

良好的团队协作是腾讯走向成功的又一重要因素。腾讯最初由马化腾和张志东合伙创办，随后又加入了三位同学和同事，从而形成了腾讯最初的创始人团队。根据每人出资的多少来划分股份比例，其中马化腾出资最多，但他却将自己的股份比例定为了47.5%，虽然在单一的股份比例上占据了较大的份额，但是这也很好地防止了一种问题的发生，也就是当马化腾自己独断专行做出错误决定的时候，其他的四位创始人可以一同否决这一决策，因为其他四人的总股份比例为52.5%。这就很好地避免了“专制独裁”行为的出现，同时也让腾讯的创始人团队能够更好地协同工作。

自腾讯创立以来，马化腾一直在对腾讯的组织管理结构进行调整，不断将各项工作细分，明确创始人团队的责权和分工，同时还要求对于腾讯的决议，必须通过两个创始股东的同意，方可执行。在腾讯不断壮大的同时，马化腾将创始团队的权利开始逐步下放给各事业群的职业经理人负责，同时要求领导和管理阶层必须培养潜在的接班人，在不断引进外部人才的同时，大力培养内部的优秀人才。

良好的组织结构是企业正常运转的关键，优秀的人才队伍则为企业提供不断向前的动力，只有企业内部所有成员协同工作，才能够使企业在复杂的市场竞争之中立于不败之地，最终企业的利益也会惠及每个员工。

腾讯便签：

在腾讯这个“庞然大物”身上寻找成功的原因很容易，用户、产品、团队、技术，这些都是腾讯成功的原因，而这些因素放在不同的市场环境和市场主体之中又会有着许多的不同。所以在学习他人成功经验的同时要注重结合自己的实际情况，寻找适合自己的方法。

<<< 第一章

# 腾讯的路和坎

## 回顾创业路，不成功便成仁

马化腾的创业之路走得并不顺畅，曾经在采访之中，马化腾回顾了自己的创业之路，感慨颇多。在他看来，任何人的创业之路都是艰苦不断、困难重重的，从初创时期的资金不足，产品知名度不高，到发展时期进入市场之后的危机四伏。即使是已经发展成熟之后的大企业也会因为一些小的危机而导致满盘皆输。创业是一场没有硝烟的战争，不会有人牺牲，但却经常有人失败。

在回顾腾讯的创业之路时，马化腾认为腾讯在创业之时经历了三道令他惊心动魄的“坎”，这三道“坎”有大有小，发生在腾讯发展的不同阶段，但却都对腾讯的生存造成了极大的威胁。在面对这些“坎”的时候，马化腾和腾讯团队虽然十分痛苦，但却都没有选择放弃，而是依然在坚持着，在选择坚持的同时，努力地寻找着摆脱困境的机会。

腾讯所遇到的第一道“坎”发生在腾讯成立的初期，在腾讯成立之时，中国的互联网市场已经呈现出一派热闹的景象，门户网站、搜索引擎、电子商务都已经开始流行，腾讯的出现并没有引起人们的关注。在腾讯成立初期，马化腾并没有明确的发展方向，当时寻呼服务盛行，所以马化腾开始着手开发这一软件，但由于手机的普及，寻呼机开始退出历史舞台。至此，马化腾开始不断地寻找新的业务来维持企业的发展，腾讯的第一年就在这样的窘境中度过，失去了主营业务，创业资金消耗殆尽，马化腾刚一开始就陷入了绝境。

对于马化腾来说，这次创业是他倾尽所有的一次尝试，辞去了工作，将积蓄全部投入其中，刚一开始就如此艰难，但令他没想到的是，更加艰难的道路还在等着他。在开发出 OICQ 之后，凭借着“从用户体验”角度出发的指导思想，腾讯团队不断地在完善着 OICQ 的使用体验，这也使得 OICQ 受到了越来越多的用户的喜爱和欢迎，很快 OICQ 的注册用户就超过了 100 万，对于任何一个企业来说如此多的注册用户应该都应该是一件好事，但对于当时的腾讯来说这虽然是件好事，但却也是一件令人头痛的好事。

当时的腾讯，一方面面临着来自美国在线的侵权官司，另一方面面临着自身资金的极度紧张。由于注册用户数量的激增，致使单个服务器的承载能力超出了限制，只有通过增加服务器来提高整体的承载能力，这是保证 OICQ 正常运行的必要条件。但一个服务器五六万元，这对于腾讯来说是无法负担的，虽然靠着张志东自己组装的服务器勉强提高了承载量，但没有资金的支持依然无法解决用户增长过快所造成的问题。

寻找资金成为腾讯的主要工作，这期间马化腾曾考虑卖掉腾讯，但却又舍不得将自己的心血低价卖给别人，马化腾为自己的公司开出了很高的价格，但却没有人愿意接受这一前途未卜的小公司。售卖失败后，腾讯团队依然在坚持着，能借钱的借钱，能找人的找人，每个人都使出了浑身解数。因为坚持，腾讯等到了投向自己的风险投资，IDG 和盈科的注资为腾讯带来了最后的生机，同时也使得腾讯在即将到来的“互联网风暴”中得以生存，并不断地走上了独立发展的道路。

如果马化腾在困境之时将腾讯低价卖出，那么他和几个创始人至少能够收回成本和一段时间的辛苦费。如果腾讯没有在最后时刻收到 IDG 和盈科的投资，那么腾讯的名字可能根本不会出现在我们现在的生活之中。假设终究不会改变现实，在腾讯的第一场危机之中，是他们依靠坚持拯救了自己。即使不知道明天会怎样，也要坚持去争取明天的到来。

马化腾认为腾讯的第二道“坎”则是与MSN的战争。在经历了与奇虎360的战争之后，腾讯不得不面对另外一个更为强大的对手，那就是微软的MSN。在发展了十多年之后，腾讯正在渐渐偏离以用户为依存的价值理念，想要重新回到腾讯原有的发展轨道之上，就一定要选择转型开放。而刚刚进入中国市场的MSN也选择了开放的策略，凭借着先进的技术和设计，MSN开始威胁到腾讯的地位。

依靠着微软这一强大的后台，MSN立即在中国的高端白领人群中打开了市场，一时间腾讯成了“小学生”使用的上网工具。当时的市场氛围普遍认为QQ将在“高大上”的MSN面前败下阵来，即使在腾讯的内部也经常争论不断。但是马化腾丝毫不为所动，依然在坚持对QQ进行优化和修改，他坚信自己的产品要比国外的产品更适合中国人使用。

2004年9月9日，腾讯推出了2004版的QQ，新版本的QQ不仅在网络传输速度上面得到了很大的提升，同时还加入了许多新颖的设计。一经推出便受到了市场中用户的欢迎，让马化腾感到高兴的是，这一版本的QQ大大提高了传输文件的速度，同时还加入了断点续传的功能，这使得许多商务人士重新回到了QQ的怀抱。

面对着第二道“坎”，马化腾和腾讯依然在坚持，而这一次在坚持之外，腾讯团队还在对QQ进行着完善，不断地地找到用户新的需求，不断地为QQ添加新的功能，最终获得了用户的欢迎。坚持本身便不是一件容易的事，而在坚持之外不断探索新的可能性，更是难能可贵。

腾讯的第三道“坎”来自于一种新出现的社交媒体——微博，当时在国内最早做微博的是新浪，在新浪之后，搜狐、网易、腾讯都加入了研发微博产品的大军。但由于市场的先机已经被新浪微博所抢占，同时新浪方面又将全部的力量放在了微博上面，所以后出现的如搜狐、网易都纷纷在微博领域败下阵来。虽然腾讯依靠着QQ积攒起来的庞大的用户群苦苦支撑，但最终依然没有阻挡住新浪微博在网络社交领域的攻城拔寨，腾讯微博最终也以失败而告终，新浪微博在一步步地蚕食着广阔的市场。

当新浪微博出现之时，在马化腾的脑海中第一个想法便是也做微博，但因为产品的功能性严重重合，市场很难再接受一个新的微博品牌，所以马化腾决定开发一个完全不一样的东西，但腾讯微博依然要继续承担起抵御新浪微博进攻的重任，要坚持到新产品研发成功为止。

马化腾要设计一款纯手机的即时通讯软件，要同时能够解决手机和电脑端的问题。这个任务最终由腾讯内部的三个团队负责，每个团队开发一个产品，互相竞争，谁胜出了就用谁的产品。最终张小龙带领的团队所研发的产品胜出，2011 年 1 月 21 日微信横空出世。

微信不仅成功抵挡住了新浪微博的进攻，而且随着智能手机的普及，微信的用户数越来越多，成为仅次于 QQ 的第二大社交通讯工具，更成为支撑腾讯帝国的一根重要支柱。面对第三道“坎”，腾讯不仅仍然在坚持，而且还在探索的基础上完成了自我的创新，创造出一种有别于 QQ 的“国民社交软件”，不仅帮助腾讯渡过了危机，更将腾讯带到了一个新的高度。

腾讯便签：

遇到危机，坚持下去才有胜算。但坚持并不意味着固执守旧，只有在坚持信念的同时努力寻找新的希望，才能够在危机之中发现来自未来的光芒，只有勇于探索，敢于创新的人，才能够顺着光芒的指引走向未来，收获希望。

## 实践出真知：特殊的盈利模式

获得经济利益是企业的重要目标，研究技术，发明产品，满足用户的需求，这些举措从根本上来说都是为了获得经济效益。马化腾创办腾讯也是一样，他需要让腾讯成为一个能够盈利的公司，但从腾讯的发展轨迹中看，即使 QQ 的注册用户已经达到了 1 亿人以上，马化腾依然没有为 QQ 找到一个合适的盈利模式，这也使得最初的 QQ 成为腾讯烧钱的无底洞。

就连最先出现的 ICQ 都没有找到适合自己的盈利模式，后出现的 QQ 就更不用说了。但马化腾知道寻找盈利模式需要从市场入手，而在市场中抓住用户对于产品的需求点则是找到盈利模式的关键，为此马化腾开始了许多不同的尝试，他希望通过实践来找到一条真正适合 QQ 的盈利模式。

在经历了 20 世纪末的“互联网寒冬”之后，腾讯成了“侥幸”存活下来的几个互联网公司之一，虽然存活下来了，但度过了寒冬的腾讯依然需要外出找“食”吃，在市场部门的努力下，腾讯成功加入中国移动推出的“移动梦网”，开始获得了一定的收入。但虽然在“移动梦网”中获得了一些收入，QQ 依然没有摆脱“烧钱”的困境。那时的腾讯往往是从“移动梦网”中获得了收益，投入到 QQ 的日常升级和维护之中，然后就没有然后了，QQ 依然不知道如何盈利。眼看着拥有如此庞大用户基数的 QQ 无法盈利，腾讯内部开始了一次一次的盈利模式的尝试。

腾讯尝试的第一个盈利模式是通过植入广告来获得利润，这在当时的互联网市场中是十分常见的。虽然当时腾讯的广告价格十分低廉，曝光率也很高，但却依然很少有企业通过QQ来做广告。因为QQ的广告页面非常狭小，广告的展示效果并不良好，并且由于QQ的用户群体过于年轻，购买力并不强，这也成为广告商考虑的重要因素。

通过实践，马化腾发现这种方法并不适合腾讯，所以转而开始寻找一种新的盈利模式，这时腾讯推出了会员制，腾讯自称这是“中国互联网史上的第一个增值服务业务”，腾讯的想法是通过为这些会员用户提供一些特别的服务，来收取一定的费用，虽然为此展开了一系列推销活动，到从结果上来看这无疑又是一次失败的尝试。因为用户需要前往邮局支付会员费用，这也成为这一模式失败的主要原因。

腾讯的另一次盈利模式尝试是通过收取QQ号的注册费用来盈利。一方面，QQ每天都会产生超过100万次的注册记录，如果选择收费的话这将是一笔十分丰厚的收入；另一方面，因为注册用户过多，使得服务器需要经常升级和维护，选择收费之后将弥补在这一部分的费用支出。这一次腾讯不仅失败了，而且还引发了用户的反感，许多网友纷纷发帖讨伐腾讯，腾讯因此遭受了严重的舆论危机，并且为自己招来了无数的竞争对手。

只有经过了实践的检验，才能够发现适合自己的东西是什么，正所谓实践出真知。腾讯在探索盈利模式的道路上开展了许多不同的实践尝试，却并没有找到一条适合自己的盈利模式。虽然并不顺利，但腾讯在收费模式的探索之路上仍然在不断地尝试。

Q币的出现可以看作是腾讯在探索实践基础上获得的一个较为

优秀的成果。作为一种虚拟货币，Q 币的出现在一定程度上解决了腾讯自身支付系统所面临的问题。新出现的 Q 币主要被用于购买 QQ 靓号上面，随着腾讯逐渐放开免费注册渠道，Q 币成了一种没有用处的虚拟支付货币。Q 币作为 QQ 中的虚拟货币，与腾讯的盈利模式之间并没有太大的联系，所以腾讯依然需要重新探索自己的盈利模式，但是当腾讯的第一个盈利模式出现之后，Q 币起到了至关重要的作用。

QQ 秀是腾讯通过 QQ 第一个获得盈利的增值服务，QQ 用户可以通过 Q 币购买衣物。装饰和场景，来亲自设计自己的虚拟化个人形象。在腾讯推出的 QQ 秀商城中，用户可以选择各种各样的虚拟物品，每个物品的售价在 0.5 元到 1 元不等。同时用户还可以根据自己的需要随时变更虚拟物品，还可以将这些虚拟物品送给自己的 QQ 好友，每一个 QQ 秀的形象有效期为 6 个月，用户可以通过续费来继续享有 QQ 秀装扮。

即使是在虚拟世界中，用户也希望能够拥有一个属于自己的形象，而通过自己的双手来设计自己的形象无疑是最符合用户的需求的。用户可以按照自己内心的想法，设计出完全不同于现实生活中自己形象的虚拟人物，可以说这是一种创造，不仅是用户个人的创造，更是属于腾讯的创造。

自 QQ 秀产生之后，腾讯似乎寻找到了一种属于自己独有的盈利模式。腾讯在后续又推出了包括红钻、黄钻、绿钻、超级会员等众多增值类服务，这些增值类服务依托以庞大的 QQ 用户群，形成了围绕腾讯产品的全方位增值盈利模式，这也是腾讯一直沿用至今的主要盈利模式。

除了 QQ 为依托的增值服务收费模式外，腾讯的另一大优势产品微信也拥有一个重要的盈利模式。微信的盈利模式更为复杂，但功能也更加全面，微信已经渐渐成为腾讯最为重要的支付工具。微信支付和微信红包为腾讯提供着稳定的资金流来源；同时微信中的付费表情也是重要的收入来源；收取入驻商家和认证企业也需要缴纳一定的费用。可以说微信的盈利模式更为立体全面，对于腾讯的影响也更大。

盈利模式是一个企业赖以生存的重要组成部分，一个只拥有产品和技术却不知道如何使用它去获得效益的企业并不是一个成功的企业。经济效益是一个企业研发新产品、新技术，不断向前发展的重要保障，而优良的盈利模式也是企业获得稳定的经济效益的重要保障，可以说盈利模式的问题直接影响到企业的生存和发展。

大多数企业都是在拥有了技术和产品后才去考虑盈利模式的，这是一种十分正确的方法。正如腾讯一样，通过不断地市场实践，来寻找适合自己的盈利模式，一次次的市场实践虽然会对企业产生一些不良的影响，但是从实践中也能够看出产品与用户之间是否存在切实的联系，从而使企业从中寻找到适合自己产品的盈利模式。如果市场中的产品无法与用户产生联系，那么考虑再多的盈利模式也只是纸上谈兵而已，不被用户所认可的产品如何去谈盈利问题呢?

腾讯便签:

实践出真知。合适的盈利模式一定是从产品出发，符合用户的利益诉求的。只有在市场的不断实践之中，才能够发现用户对于产品的价值需求，从而以用户对产品的价值需求来确定适合产品自身的盈利模式，产品很重要，用户也很重要，而市场实践将会让企业更容易发现两者间存在的联系。

# 深陷“检测门”的腾讯

成功是每个人都在追求的事情，但在成功的道路上，一帆风顺往往只是别人口中的祝福之词，荆棘丛生才是成功道路的本来面目。只有在荆棘之中仍然前行，忍受痛苦不忘目标的人才能够最终走向成功，能忍受别人所不能忍受的痛苦，才能获得别人所不能获得的成功。可以说一个人对待挫折的态度，是决定一个人成功与否的关键。

企业的发展与个人的成长有着许多的相似之处，在漫长的过程中不断探索，经历坎坷之后摘得丰收的硕果。只有经历了坎坷的人才能体会到成功的喜悦，也只有经历了危机的企业方能变得强大。对于企业而言，危机是一把双刃剑，有的企业可以手持利剑披荆斩棘，有的企业则会被利剑的锋刃所划伤。没有人会说对于一个企业来说危机是一件好事情，但人们常说对善于应对危机、化解危机的企业来说，危机是一份最好的成长礼物。

尤其对于刚刚成立的企业而言，危机虽然是致命的，但往往在这危机之后，存在着无限的光明前景。危机是检验企业成熟与否的试金石，也是帮助企业走向成熟的脚踏板。选择用各种手段绕过危机的企业终将被危机所吞噬，只有直面危机，才能在痛苦的旅程中走向光明。

2010 年中国互联网行业获得了极大的发展，但对于深处行业之中的互联网企业来说却过得并不如意，互联网行业内部竞争非常激烈，而腾讯的出现以及快速发展，又让这一竞争变得更加激烈，许多互联网公司纷纷倒在了腾讯的面前，而腾讯崇尚“模仿”的发展模式也被同行诟病不已。乘着互联网行业的东风，腾讯一路过关斩将，逐渐发展壮大，看上去前景一片光明，但潜藏在黑暗之中的危机却早已经逼近了腾讯。

2010 年 9 月 27 日，360 公司发布了一款专门针对 QQ 的“隐私保护器”工具软件，同时在 360 网站上开设《用户隐私大过天》的讨论专题页，其中汇聚了大量的具有针对性的文章，并且文辞犀利，而这些文章的目标无一例外的全部指向了 QQ，如《QQ 窥探用户隐私由来已久》《QQ 侵犯窥探用户隐私》《QQ 承认窥探用户隐私》等，这些文章将重点全部集中在了 QQ 窥探用户隐私的问题上，谴责 QQ 在未经用户同意的情况下擅自窥探用户的个人隐私文件和数据。在揭露了 QQ 窥探用户隐私的行为之后，360 公司宣布“360 隐私保护器”将可以实时检测曝光 QQ 的行为，只要用户安装了“隐私保护器”之后，电脑桌面的右侧就会出现一系列提示，包括“大多数个人隐私泄露事件都与某些软件偷窥用户电脑信息有关，正因如此，无数的网民才会受到广告的骚扰和欺骗。”“360 的隐私保护器将会如实记录某些软件偷窥用户隐私信息的行为，并及时对用户进行提醒。”

360 公司的这一“隐私保护器”像一颗重磅炸弹一样，在互联网圈中炸开了锅，在互联网用户，尤其是 QQ 用户之间造成了极大的恐慌。隐私权对于每一个人来说都是神圣而不可侵犯的，在现实世界中，法律对于人们的这些权利给予保护，但在虚拟世界中，竟然一直存在着这种偷窥个人隐私的行为，这对于任何人来说都是无法接受的。一时之间，腾讯和 QQ 被推上了风口浪尖，大量用户开始卸载 QQ，腾讯损失掉了大量的用户资源。

在腾讯风光的背后，危机一下子爆发出来，这不仅令互联网用户感到吃惊，就连腾讯自己内部也感到了无法想象的危机。那时的腾讯就好像被人抓住了尾巴一样无法动弹，面对对手的攻击和用户的声讨，腾讯选择了以沉默应对。但360却依然在各种平台上，为自己的主张宣传造势，这时候腾讯已经无法再去选择以沉默来应对了，腾讯虽然已经具备了稳固的经济基础，但却无法对于这件事做出强有力的回击，所以对于腾讯和马化腾来说，选择一个合理的应对策略将是决定腾讯命运的关键。

面对着对手的步步紧逼，腾讯虽然没有采取正面对话的形式，但却从各个部门发起了对这一事件的反击。腾讯的技术部门用“弹窗”回应对方的攻击，他们在QQ弹窗中发表了《QQ产品团队严正声明》，在声明中提到：“某新推软件指责QQ侵犯隐私一事，是对QQ安全功能的误解，我们在此强调，腾讯QQ软件绝对没有窥探用户隐私的行为，也绝不涉及任何用户隐私的泄漏。”

腾讯的法务部门则采取了“依法起诉”的手段予以回击。在10月14日，腾讯正式宣布向法院起诉360的不正当竞争，要求360奇虎及其相关公司停止侵权，公开道歉并赔偿损失。而腾讯的对外协作部门则联合国内两大安全软件金山和卡巴斯基加入到事件之中，同时指责360软件存在的巨大的安全漏洞。在10月27日，腾讯又联合了金山、百度、可牛、遨游等五大企业共同发布《反对360不正当竞争联合声明》，对360发起了反攻。

腾讯的一系列举措并没有从根本上解决自身所面临的危机，舆论反而更加偏向于360一边。采取了如此高规格的应对策略，却依然没有办法拯救自己，这一系列举措反而更加让用户看到了一个强势的腾讯在欺压一个“打抱不平”的360，这是马化腾不想看到的。对于外界质疑QQ窥探用户隐私的行为，马化腾知道这些东西并非是一两句话能够讲清楚的，在腾讯看来，这种对于用户数据的扫描工作，就跟乘坐火车之前经过的安检门是一样的。用户包裹中的物品都需要经过扫描，而且即使经过了扫描，除非当时发现了违禁物品，不然安检部门是不会记录这些物品是哪个用户的。QQ 的扫描原理也正是如此。

但用户对于 QQ 的质疑之声并没有断绝，而对手对于 QQ 的攻击也越发地超出了限度，这渐渐超出了腾讯所能承受的范围，简单的沉默和耐心的澄清已经无法阻止对方的进攻了，这时，腾讯选择了一种更为壮烈的方式来应对对手的攻击。

10 月 29 日，360 宣布推出一款名为“扣扣保镖”的工具，主要用来全面保护 QQ 用户的安全，它能够防止用户隐私泄露，防止木马盗取 QQ 账号，同时还能给 QQ 加速，并对 QQ 进行实时检查，360 的说法是这一软件将会为更多的 QQ 用户带来更好的使用体验。但对于腾讯而言，这无疑是另一场更为艰难的考验。

经过了认真的分析之后，腾讯技术团队在“扣扣保镖”中发现了四个“后门”，这是一种类似与“非法外挂”的软件，腾讯给出了这样的定义：“这是全球互联网罕见的公然大规模数量级客户端软件劫持事件。”对此，腾讯选择向深圳市公安局报案，并且向工信部投诉，但作为一个特殊的案件，工信部和公安局都显得束手无策。QQ 的用户正在不断地流失，短短几天之内，“扣扣保镖”就已经截留了 2000 万 QQ 用户。

面对着这样的情形，马化腾做出了“壮士断腕”的决定，在装有 360 软件的电脑上停止运行 QQ 软件，最终腾讯以弹出新闻的方式发表了《致广大 QQ 用户的一封信》，同时推出了一个不兼容的界面，所有用户都将面对着“卸载 QQ”和“卸载 360”两个选择。

对于马化腾而言，这场被称为“3Q 大战”的危机深深地影响了腾讯日后的发展。在一帆风顺之中，突然出现的危机虽然并没有击垮腾讯，却让马化腾认识到了互联网市场之中的危险与不安。在这一事件中，腾讯经受住了考验，他们选择过沉默，也曾经发起了反击，在事件发生的不同阶段采取了不同的处理手段，实事求是的向公众展示出企业的诚意，将客观事实展示到公众面前，这是腾讯在这场危机之中始终坚持的重要一点，也是让腾讯顺利度过这场危机的关键因素。

腾讯便签：

每一次危机都将成为继续前行的动力，而这些动力的获取则是在危机之中不断收获的。经历挫折可以让一个人更快地成长，而经历了危机之中，一个企业也将会更快地走向成熟，危机能否成为未来路上的财富，关键在于我们对待危机的态度。

## “全民公敌”时代

创新是一个民族进步的灵魂，更是一个企业不断开拓发展的不竭能源。单纯地谈论创新是一件容易的事情，但如果真正去亲身实践之后便会发现，正因为其具有巨大的价值，所以也就显得异常困难。

在各个行业中，创新能力都是一种十分宝贵的资源，尤其是以技术为核心的互联网行业，创新能力往往决定着一个互联网公司的未来发展。但在互联网行业中创新往往是最难的，这一行业聚集着许许多多的互联网企业，老牌的互联网企业占据着大量的重要资源，而新生的企业则更多的处于一个十分不利的地位，随着互联网行业的不断发展，创新空间越来越少，这也就导致了“抄袭”现象的发生，这是一种在激烈的市场竞争之中为求存活所采取的不正当的手段。

“抄袭”现象是一种不正当的竞争行为，同时也违反了相关法律的规定。但面对着创新的窘境，想要求的生存就一定要寻找到新的发展道路，因此经过了许多人的“艰苦”探索之后，“模仿”成为一条介于“抄袭”和“创新”之间的新道路。但这种行为也是一种不正当的行为，所以普遍受到市场的鄙视。但在大多数行业之中，这种模仿行为常常招摇过市，越来越多的企业从中受益，引来了更多的企业纷纷加入其中，这也使得“模仿”成为市场中的一种潜规则，不违反法律却不为道义所接受，但又没有人却管理。

腾讯作为一家互联网公司，最初专注于即时通信领域，QQ 更是成为全民互动的社交软件。但对于马化腾来说，单一的局限于网络社交平台并不会为腾讯带来长久的兴盛，所以多点开花才是腾讯的最终发展之道。于是，腾讯开始了对于其他领域的进军，外界在评论腾讯涉足其他领域时曾总结了一个段子，外界认为“只要是网络上能赚钱的事情都让马化腾做了，他利用 QQ 平台开发休闲游戏，把联众挤到了二线；他又开发了门户网站和大型网络游戏平台，直接和网易、盛大对着干；又利用拍拍网和淘宝争夺电商市场；就连李彦宏所掌控的搜索引擎领域他同样也要分一杯羹。”

同行业之间跨业务竞争是一件十分正常的事情，但这在腾讯身上似乎成了为人诟病的原因。这主要是由于腾讯总是选择以相同的模式后一步进入市场，然后超越竞争对手，达到占领市场的目的。这也使得腾讯被戴上了“模仿者”的帽子，凭借着庞大的用户基数，模仿其他领域的产品，再依靠自身的QQ平台，这是腾讯成功的关键所在。

对此一位记者曾评论道：“在中国互联网发展历史上，腾讯几乎没有缺席过任何一场互联网盛宴，它总是在一开始就亦步亦趋地选择跟随，然后便开始了细致的模仿，最后再绝地超越。实际上，因为腾讯在互联网界‘无耻模仿抄袭’的恶名，使得腾讯全面树敌，成为众矢之的。当越来越多的互联网企业开始提防着腾讯的时候，腾讯将不再会像以前那样收放自如。”正是如此，腾讯在互联网市场中逐渐成为众矢之的，而马化腾也成为“全民公敌”。

从最初模仿ICQ开发出QQ开始，再到腾讯TM、QQ直播、QQ电脑管家、腾讯游戏平台，腾讯所推出的每一款产品之中都留存着其他产品的影子。除了这些软件外，在电子商务、搜索引擎、下载工具、影音播放、社交和团购等领域腾讯都有涉足，并且推出了许多腾讯的产品。2011年4月腾讯视频正式上线测试，腾讯开始了在视频领域叫板土豆、搜狐、优酷等老牌视频巨头；2011年7月腾讯Q+上线，腾讯开始了在APP应用商城领域的发展；同年11月，QQ影音技术升级也开始与暴风、迅雷争夺市场。

面对着腾讯“抄袭”的言论，马化腾依然不为所动，腾讯依然在不间断地推出着自己的产品，而这些产品无一例外地都获得了庞大用户基数支撑这一红利。每当遇到自己所看好的领域，腾讯便会开始布局，开发自己的对应产品，然后在合适的时机进入市场，很多时候腾讯都将成为最终的胜利者。

在网页游戏领域，腾讯推出了小游戏平台3366.com，这一平台之中的小游戏无论是在种类还是在设计上，都与市场中的另一家小游戏平台4399.com存在着许多的相似之处，腾讯的布局大大影响了

4399.com 的发展。而在棋牌游戏领域，腾讯的在线游戏平台更是将联众游戏逼上了绝路。以至于在投资领域之中，投资人在选择创业项目时，总是会第一时间询问腾讯是否会做这一项目。

腾讯的这种“模仿”做法并不值得提倡，但对于腾讯自身而言，这种“模仿”无疑又是十分重要的，腾讯自身和外界对于“模仿”有着不同的理解。在外界看来，腾讯的这种“模仿”就是在打“抄袭”的擦边球，而在腾讯看来，这种“模仿”并不是简单的跟风之作。马化腾知道单纯地看到别人做什么就去学习什么的话，腾讯早晚会面临无人可学的境况。所以更多时候，腾讯的这种“模仿”是立足于自己特色的基础之上的，正是因为拥有着如此庞大的用户基数，腾讯才会开始不断地地对外发展扩张。

美国的著名商业分析师萨拉·莱西曾写道：“中国之旅过程中，我对所见的人有一个分类，其中一个就是‘模仿者’。但我发现这样一个问题，硅谷许多人认为一些中国公司抄袭他们的产品创意，或许他们确实参照了硅谷公司的创意，但中国的企业家们却在开拓自己特有的商业模式。”在腾讯的“模仿”背后，是腾讯独有的全面发展模式，腾讯所推出的许多产品并非单纯地模仿抄袭之作，更多的是结合了腾讯自身所具有的特征。

当腾讯发展成熟之后，马化腾调整了腾讯的发展战略，“开放”成为腾讯坚持的最为重要的发展理念之一，除了资源共享外，腾讯还将帮助更多具有新鲜创意的初创公司，通过提供发展资金来支持它们的发展，曾经四处攻城拔寨的“凶猛企鹅”一下子又温顺了起来。马化腾选择了一种新的方式来继续开展他的帝国布局，这一举措也将会使他从“全民公敌”的境况之中解脱出来。

腾讯便签：

一成不变的“模仿”不会带来永久的成功，在“模仿”之中变革出新也是一种创新，企业的发展战略要从自身的实际情况出发，融他人之所长于己身，方能在竞争之中处于优势地位。

## 互联网大混战

在一个市场之中，常常存在着许多从事同一工作的企业，这些企业之间彼此势同水火，相互竞争。很多时候竞争并不是一件坏事，一方面它是优胜劣汰的自然选择，另一方面也能够促进技术的发展和行业间的进步。但竞争却又是残酷的，在竞争之中往往会发生许多令人意想不到的意外，对手的不择手段，内部的利益背叛，这些因素都使得竞争充满了复杂性。而竞争真正的复杂之处则在于竞争对手的识别上，难道只要是同行业同领域的企业就会成为竞争对手吗？

很明显，并不是所有的同行业同领域的企业都会成为竞争对手，在一些情况下，本应作为竞争对手的企业却走向联合也是很正常的。市场竞争的残酷性决定了各企业在竞争中的利益选择，两方合作击败第三方之后，再开始竞争也是一种常见的竞争策略。一般出现这种情况都是由于第三方的力量过于强大，所以需要其他各方合作才能解决，这可以被称作商场之中的“三英战吕布”。

而在2004年我国的即时通信行业中，这种情况就更加常见了，在这一时期刚刚完成上市的腾讯凭借QQ占据着即时通信市场的大部分份额，许多互联网公司开发的即时通信软件则处在与腾讯竞争的地位。虽然各大互联网公司之间没有形成明确的合作关系，但在整个即时通信的市场中，各大互联网公司已经开始了对于腾讯和QQ的围剿。

最早对腾讯宣战的是两个重量级的互联网公司网易和微软。网易早在2002年就已经推出了网易泡泡，它将腾讯首创的群聊和表情发送等功能移植到自身之中，与腾讯QQ一样采用Global IP Sound技术。到了2003年网易推出“挂泡泡送短信”活动，吸引了许多用户，在仅仅一年时间为网易带来了1500万注册用户，网易一下子跃居为市场占有率第二的国产通信工具。2004年6月29日，网易创始人丁磊在北京举办了一场大型记者见面会，为网易泡泡推广宣传。

而仅仅在丁磊召开发布会的三天之后，比尔·盖茨便宣布将加快MSN在中国的发展速度，同时也将加大在中国的研发和投入力度。并在中国成立了MSN中国的市场和研发中心。除了这两大互联网公司宣布了将大力发展即时通信软件外，许多其他的互联网企业也纷纷推出了自己的即时通信软件，希望能从腾讯身上分一杯羹。

2004年6月7日，雅虎中国推出雅虎通6.0中文版，在原有软件功能基础上添加了雅虎搜索、在线相册和许多互动小游戏。2014年7月7日，新浪以300万美元收购朗玛公司，朗玛UC是当时国内即时通信市场之中仅次于QQ、MSN和网易泡泡的聊天工具。而在2004年10月25日，TOM在线与Skype达成战略合作协议。到了11月，电信运营商也加入到了即时通信领域之中。

同时搜狐推出了“搜Q”，263推出了“E话通”，网通推出了“天天即时通”，阿里巴巴推出了“贸易通”。一时间全国上下出现了数百个即时通信工具软件，而它们的目标无一例外都是腾讯。在共同目标的指引下，“互联互通”的呼声越来越高，它们希望通过联合来打破腾讯一家独大的垄断地位。

腾讯面临着数不清的对手，虽然自己现在占据着最为广大的市场，但如果不加速前进，留给腾讯的就只有失败。马化腾清楚，对于QQ来说，其他公司的即时通讯软件在功能性上并不具备优势，而对于即时通讯软件而言，功能性无疑是最为重要的一项技术，所以与其说是与其他对手竞争，不如说是和自己的竞争。

正如腾讯QQ最初的产生一样，国内市场的其他软件也都是在模仿QQ的基础之上产生的。所以马化腾知道，只有不断地完善QQ的用户体验，才能牢牢地将用户的资源掌控在自己的手中，为此腾讯内部技术团队多次对QQ进行产品升级，通过用户反馈的问题，QQ新增了许多功能，从而最终让腾讯QQ在互联网企业的大围剿之中生存了下来。

面对众多互联网企业的围剿，腾讯并没有乱了阵脚，它依然按照自己的步伐发展着。在与腾讯QQ竞争的这些产品之中，微软的MSN无疑是实力最强的一个。早在1999年，MSN便已经开通了即时通讯的服务，依靠着微软强大的资金和技术实力，仅仅两年时间，MSN便已经成为世界上最大的即时通信平台。而到了2003年时，MSN已经发展到了3亿用户，占据了世界各地重要的即时通信市场，唯独没有涉足最具潜力的中国市场。

很快微软发现了中国市场的巨大发展潜力，开始大举进攻中国即时通信市场，凭借着强大的品牌号召力和全方位的功能，MSN迅速占领了中国商务通讯市场，这时的腾讯却仍然因为资金和技术问题而举步维艰。面对着微软的进攻，腾讯推出了企业版的QQTM，马化腾希望通过正面对抗MSN来重新夺回高端用户市场。

腾讯QQTM并没有遵循MSN的发展路径，马化腾将技术放在了首要位置，在他看来，只有通过不断完善自身的技术水平，为用户带去更好的使用体验，才能够获得广大用户的信赖。所以沿着自己的发展轨迹，“文件断点续传”“共享文件夹”“屏幕截图”“短信互通”“视频会议”“网络硬盘”等功能不断被开发出来，这一次腾讯成为领先者，这一系列的技术创新让MSN立刻失去了原有的光环。渐渐地，白领用户开始回归QQ，更加便捷的办公成为QQTM的招牌，QQ最终完成了对MSN的逆袭。

对于一个企业而言也是如此，在一块市场之中，有一个对手和有一群对手在某种程度上来说是没有区别的，如果一个企业总是在想着如何去战胜对手，那么它会在与对手的战争中取得胜利，但很可能会在与自己的战争之中败下阵来。只有从自身的角度出发去应对挑战，才能够最终战胜对手，这时对手的数量多少都已经不重要了。

很多时候我们所面对的最强大的对手往往是我们自己，我们可以轻松地发现对手的缺陷从而一击制胜，却很难找到自己的问题，最终虽然打败了对手，却因为自身的原因而无法获得成功。我们每个人都在与自己进行着斗争，我们需要经常性地调整自己的状态，从而抵御住外界的诱惑和进攻，不断完善自己的过程就是一个人慢慢走向成功的过程。

腾讯便签：

与对手竞争的过程就是不断完善自我的过程，企业想要在祸福难测的市场之中长久地立于不败之地，就要不断地完善自我，不断地提高自身产品的竞争能力，以技术为核心，在征服自我的过程中超越对手。

## 挺过黑暗，思考未来

“黑夜有多漫长，白天就会有多漫长。”这句话在我们的日常生活中可能是个悖论，但如果跳离了现实生活之后，这句话便有着许多的现实意义可以描述了。无论是对于个人还是企业而言，或多或少的都会经历一些“黑夜”，而这“黑夜”有多漫长并不取决于自然规律的作用，而是取决于处在“黑夜”之中的人所发挥的作用。越努力越容易更快地熬过“黑夜”，熬过了“黑夜”之后，面对的就是灿烂的阳光。

“黑夜”就像无数个挑战一样，是每个人都会遇到的现象，克服了困难和挑战之后就会迎来光明，而这光明的长短则取决于一个人在“黑夜”之中获得了多少宝贵的经验。对于一个企业而言，经过了困难和挑战之后，生存下来的企业作为胜利者，将会享有一段时间的“和平”时期，而这一时期的长短则取决于企业在困难之中获得了多少经验，这些经验将会防止企业再次陷入同样的困局。

对于腾讯而言，“黑夜”是漫长的，但白天也同样漫长。因为在“黑夜”之中马化腾寻找到了腾讯身上存在的问题，他反思了腾讯的“黑夜时期”，为腾讯作出一个更加光明的未来规划。

经历了惨痛的“3Q 大战”之后，腾讯作为胜利者却品尝着失败者的痛苦。在法律层面上，腾讯的两次诉讼都获得了成功，360 的两次上诉都被维持了原判，腾讯获得了全面的成功。但在社会影响方面，周鸿祎的“奋力一搏”获得了巨大的成功，腾讯受到极大打击的同时也失去了大量用户，360 则顺势完成了上市计划，一举成为市值第三的中国互联网上市公司。

对于腾讯而言，失去了用户的支持也就失去了前进的动力。经过了“3Q 大战”之后的马化腾也陷入了困惑与彷徨之中，作为“产品经理”的马化腾失去了用户的认可，这无疑是打在他心口之上的一记重拳。马化腾变了，这场“3Q 大战”或多或少地改变了马化腾，但却从整体上完全改变了腾讯，而改变来源于在这场劫难之后的反思。

2010 年 11 月 11 日，腾讯迎来了自己的第 12 个周年庆，这一晚马化腾发表了致全体员工的一封信，在信中他强调：“在过去，我们总在思考什么是对的。但是现在，我们要更多地想一想什么是能被认同的。”这是马化腾在腾讯 12 周年庆典晚会结束之后写就的一封信，同时也是他对于“3Q 大战”的一次反思，更是他对于未来腾讯发展战略的重新规划。

在信中马化腾除了感谢这 12 年来各位员工对于腾讯的辛勤付出之外，还表达了五个方面的意思。

第一点是“这不是最坏的时刻”。很多人认为深陷舆论旋涡的腾讯正处在最为困难的时刻，但马化腾却直接否定了这一观点，他认为这一次危机是腾讯在发展过程中忽视了用户的体验所导致的，一次小小的疏忽为腾讯带来了这次危机，如果腾讯真正地忘掉了从用户体验出发做产品的理念的话，腾讯真正的危机就将来临。

第二点是“没有最好的时刻”。腾讯一路走来坎坷不断，可以说每一天都充满了危险，但既然要发展下去，就必须要有敢于承担风险的勇气，只有始终将用户体验放在第一位，才能不被用户抛弃，更加长远地发展下去。

第三点是“让我们放下愤怒”。与360公司的战争让腾讯的每个人都充满了愤怒，这是正常的，也是可以理解的，但历史的事实告诉人们，被愤怒所毁灭的除了对手还有自己。如果没有360所带来的痛苦，就不会有今天的反思，也不会让腾讯重新确立以用户体验为核心的发展理念，可以说，是360公司促使腾讯走上了一个新的高度。

第四点是“让我们保持敬畏”。过去的腾讯将更多的精力放在了追求用户价值之上，过多地追求速度与激情，缺少了对于行业与未来的敬畏。在日后的发展中，腾讯将在自身的文化环境之中植入对于社会、对于行业、对于未来的敬畏之心。

第五点是“让我们打开未来的大门”。结束了纷争之后，就到了打开未来大门的时刻了，这将是腾讯蜕变的开始。

马化腾在这封信中反思了腾讯的过去，认清了腾讯的现在，也指明了腾讯的未来。马化腾对于腾讯的现在和未来的认知来自于对过去的反思，总结了过去腾讯的发展经验，结合了现在腾讯的发展实际，做出了未来腾讯的发展规划。过去对于有些人来说已经过去，但是对于有心人来说，过去在很长一段时间之内，无法成为过去，因为他们需要从过去之中汲取经验，反思过去是一切的开始。

很多时候，人们对于辉煌成功的过去总是念念不忘，而对于痛苦不堪的过去却总是避而不谈。这两种做法都是不正确的，无论是成功还是失败的经历，在其中都存在着值得我们去反思的地方。在成功经历中总结方法，在失败经历中寻找原因，这才是面对过去的正确方式。

对于企业而言更是如此，企业的战略规划要以过去的经验为依托，凭空构图的行为无疑将导致失败。善于从过去的经历之中总结优秀的经验，再用这些经验去指导企业未来的发展，这对于企业的未来发展是十分重要的。

腾讯便签：

反思的意义在于它可以将失败转化为下一次成功的动力，善于反思的人更容易在未来取得成功。善于反思的企业则会在未来的市场竞争之中获得先机。无论过去的经历是顺利的还是坎坷的，其中所蕴含的经验对于每个人来说都将是宝贵的。

# 第二章

# 危机意识：狼来了，不能等死

## “微信不是腾讯做的，我们就完了”

没有人能够预知未来，但却有很多人可以把握住未来，因为无法预知而放弃尝试的人，终将会被未来所打败。在市场之中，商机是一个十分重要的概念，抓住商机也就抓住了走向未来的关键。但商机又往往出现在没有人去尝试和实践过的领域，所以把握住商机是一件十分困难的事情，而为了能够取得快人一步的发展，就必须大胆地去尝试。

正如爱迪生发明灯泡一样，无数次的尝试最终才换来了一次宝贵的成功，而这成功不仅成就了爱迪生的伟大，更改变了整个社会中人们的生活方式。虽然尝试的结果存在着失败的可能，但同样在尝试背后往往也孕育着巨大的成功。在很多时候，我们的脑海中总会有灵感一闪而过，但很多人总是会忽视这种一瞬的灵感，因为他们看到了实践灵感的困难，然后放弃了去尝试的机会，最终也失去了能够成就自己的机会。

尝试是重要的，但同时也需要我们遵循时代的发展规律。开拓创新对于一个企业的生存发展具有重要的意义，与时俱进同样影响着企业的生存与发展，很多时候，开拓创新要以与时俱进为前提。李嘉诚曾说过：“商界一定要跟随时代发展，今天要谨记知识与经济发展是分不开的。”商场形势瞬息万变，每一个商业时代都有其独具特色的时代特征，一个企业想要在不断变化的商场之中屹立不倒，就一定要顺应时代的潮流，不断地地变换发展策略，研发出更多能够适应时代发展的新产品，只有这样才能在不断变换的商业时代之中占据优势地位，获得更多的财富。

在互联网时代，腾讯凭借着社交软件QQ获得了大量用户的拥簇，从最初的几百万、几千万的用户量，逐渐发展到了5亿，甚至6亿用户。可以说在互联网时代的腾讯是成功的，而随着互联网的不断普及，腾讯的用户基数还将继续扩大，腾讯将会获得更加广阔的市场。但在马化腾看来，即使腾讯已经在即时通信领域取得了如此大的成功，却依然有着被颠覆的可能性，这一点并不仅仅是马化腾的个人忧患思维，而是一种十分现实的价值判断，因为互联网时代即将过去，以智能手机为代表的移动互联网时代已经到来。

在互联网时代，腾讯凭借QQ庞大的用户基数不断地在市场之中开疆扩土，但到了移动互联网时代，腾讯这种"进击"的势头却正在不断衰减。而其中的主要原因就是许多电脑端的用户开始转移到了移动端，智能手机开始替代电脑成为用户上网的主要载体。而众多APP的出现则让QQ受到了冲击。

在发现了移动互联网时代到来之后，马化腾开始将电脑端的QQ移植到智能手机之中，虽然在一定程度上稳固了QQ的地位，但却依然没有改变QQ所要面对的困境。随着微博的出现，腾讯受到了更加严重的威胁，微博以其新颖、全面的使用体验获得了众多用户的喜爱，在多样化的微博面前，QQ开始失去在互联网时代累计起的光环，腾讯也在移动互联网时代遭遇到了严重的挫折。

在详细分析了移动互联网时代的特征之后，腾讯决定开发新的能够适应时代发展，适应市场需求的产品。微信就是在这样的背景之下产生的。在互联网时代，产品大多依托互联网，一般都是在互联网上先做好之后，再移植到手机之上。这一次腾讯尝试了一种与以前不同的方式来开发这种产品。微信是腾讯从手机出发，以手机为主的即时通信软件，在马化腾看来，这一产品可以让用户获得更多独特的体验，马化腾形容说："微信充分利用手机和电脑的区别，把人们使用的计算机终端变成人随身的一个器官，只有手机第一次跟着人体一起，连载一起，所以内置的摄像头、传感器、麦克风都可以成为人们在网络世界里面的眼、鼻、口、耳，甚至你的触觉跟颜色，都可以通过互联网把你和朋友连在一起。"

基于手机端开发的微信可以让用户始终保持在在线的状态，通过手机让用户体验到了更为便捷的即时通讯，这一点是QQ很难做到的。并且基于微信平台，腾讯又拥有了更多可以开发的新的应用和功能，通过不断地探索用户的新需求，可以为微信注入更多的功能，这也使腾讯在移动互联网时代再一次掌握了主动权，可以说微信成为腾讯在移动互联网时代的"诺亚方舟"。

从腾讯的案例可以看出，即使拥有着庞大用户基数的QQ，在新的时代面前依然会受到时代潮流的冲击，是逆流而上，还是沿河改道，这是关乎腾讯未来生存发展的重要问题。对此马化腾给出了微信这一明确的答案。在外界看来，作为与QQ同类型的即时通讯软件，微信的出现并不能缓解QQ所遇到的困境，反而会将QQ推向更为困难的境地。但实际上，微信不仅成功地支撑起了腾讯在移动互联网时代的未来，在很大程度上也为QQ的转型升级提供了宝贵的时间。

在马化腾看来，在时代交替阶段，任何一个企业都不是牢不可破的，每个企业都会面临巨大的危机，只要稍微没有把握住新时代的发展趋势，就会将前一个时代所积累的东西付之一炬。所以在认准了移动互联网时代的发展趋势之后，腾讯果断地推出了微信这一"自己打自己"的产品。用马化腾的话来说："微信这个产品出来，如果说不在腾讯，不是自己打自己的话，是在另外一个公司，我们可能现在根本就挡不住。"

在新的商业环境之中，过去的那种看着对手制定发展战略的时代已经一去不复返了，这种趋势在互联网行业之中表现得尤为明显。在互联网行业之中，开放已经成为最为主流的发展理念，而在这一理念下，与时俱进、敢于尝试就显得更为重要。在新的时代，只把握住了时代的潮流并不能够确保一个企业在激烈的市场竞争之中取得胜利，只有顺应时代潮流，敢于尝试，敢于颠覆自己的企业才能够在未来的市场之中占据更多的优势。

对于很多企业来说，顺应时代潮流，很多时候会触及自身现有的利益，所以在改变之时会受到极大的阻力，因为这种变革又没有一个十分明确的结果，所以许多企业并不会做出触及自身利益的改变，而仅仅是对一些其他无关痛痒的部位进行调整，这样做是远远不够的。有时候只有放弃一些现有的利益，才能够开拓出更加广阔的未来，虽然新的产品可能会与现有的产品发生冲突，但如果能够自己生产出一种更优于现有产品的新产品，不是要比由竞争对手生产出来更为划算吗？

顺应时代潮流，敢于尝试，在不断地变革之中寻求发展，敢于颠覆自己的企业才能够在激烈的市场竞争中长盛不衰，很多时候“自己打自己”也是一种优秀的商业策略。

## 腾讯要成为综合门户，不能只做聊天工具

对于一个企业来说，专注在一个行业领域中深耕细作最容易取得成功。互联网行业拥有着广阔的市场前景，其中又涉及许多不同的专业领域，可以说这其中充满了无数的机会，只要能够专注地抓住一个机会，通过不断研究就能够在互联网市场中找到一块属于自己的立足之地。专注是走向成功的捷径，同时也是很多互联网企业逐渐发展起来的原因。

但如果仔细研究便会发现，在互联网企业的发展历程之中，“自始至终的专注”是没有的。在成立的初期，许多互联网企业抓住了市场之中一个个潜在的机会，在不断地研究和探索之中逐渐发展壮大，而当一个企业发展到一定阶段之后，它们便不再局限在某一特定的领域之中，而是选择开始大面积的布局自己的产业，当然在这种不断地布局之中，还是会继续坚持在主营领域取得发展，但整体上来看，互联网企业发展的整体趋势是一种全方位的立体发展模式。

正如李嘉诚所说：“做生意不应该自己设限，在能力所及的范围内，只要赚钱就可以进入。抓住每个行业盈利的最佳时机，大胆投资，生意才能像滚雪球一样越做越大。”也正是因为这样，所以李嘉诚才会拥有庞大的商业版图。在 2005 年时，李嘉诚集团的业务便已经遍布到全球 50 多个国家和地区，拥有了超过 20 万左右的员工。从物业发展、货柜码头、零售及制造，到基建项目、建材及能源，再到药物及日用品，可以说李嘉诚集团的业务无所不包，只要能获取利润便可以投资。

作为中国互联网企业领先者的腾讯更是这方面的代表，作为以即时通讯软件起家的一家互联网公司，腾讯已经在即时通讯领域取得了很大的成功，无论是QQ还是微信，都已经成为重要的社交工具软件，拥有着十分庞大的用户群。但对于马化腾来说，单纯地做好聊天工具并不是腾讯的最终目标，腾讯要做的是综合门户，而并非单单是一家社交软件公司。

2003年年初，腾讯开始发展自己的新闻门户；后来又开始进军棋牌等休闲类游戏和大型网络游戏；到了2005年年中，腾讯开始了在电子商务领域的探索，在网络拍卖和在线支付上加大了投入的力气；而后，腾讯对于百度所占据的搜索引擎市场发起了冲击，推出了自己的搜索引擎；而微信的出现则彻底颠覆了中国移动互联网市场的发展，这也成为腾讯商业布局之中最具意义的一项举措。

凭借着早期发展所积累的庞大用户优势，腾讯在涉足这些领域之后都取得了一定的成绩，最终形成了一种符合腾讯发展的产业布局，在以QQ、TM、微信等即时通讯平台来吸引用户的同时，不断发展qq.com门户，同时在游戏和电商领域展开布局，在总体上构筑一个围绕腾讯的庞大的战略生态体系。

最终腾讯创立的qq.com门户网站成为中国三大综合门户网站之一，凭借着腾讯游戏平台成为中国最大的游戏运营商，网络游戏始终占据着国内游戏市场的第一位，QQ空间等社区拥有着超过6亿左右的活跃用户，在全球范围内占据着重要地位。

除了在上述领域的布局，腾讯在“互联网+”的各个领域都采取了一定的举措，其中医疗和教育领域的布局相对于其他领域而言更加充满了困难。在较为复杂的医疗领域，腾讯投资了许多互联网医疗企业，通过腾讯自有的流量平台，重新搭建一个更为广阔、功能性更强的平台，从而为医疗行业之中的企业提供更多的支持与便利。

面对人工智能的不断发展，马化腾说："我们现在越来越感觉到，最终归根结底可能还是要通过技术的进步，企业才有可能有保持在战略方面的制高点。否则当一个浪潮趋势来的时候，很多人都看到了，但为什么有的人能做到，有的人做不到，那就在于你有没有掌握这个技术。"在马化腾看来，技术作为最大的企业发展红利，是一种永不枯竭的能源，但同时技术也是一个十分复杂的东西，所以对于人工智能技术，腾讯投入了大量的精力。

面对着社会的不断发展，科学技术更新换代周期变短，这也使得许多企业不得不时刻关注着先进技术的发展走向。而每一项先进技术的末端所指向的又是许多不同的产业领域，因此全面布局企业的生态发展体系成为许多企业共同的选择。在中国的互联网市场之中，许多企业所涉及的业务都横跨了几个行业。

除了腾讯之外，其他互联网巨头也早就已经开始了自己的产业布局。

百度凭借着搜索引擎领域的巨大优势，不断涉足许多不同的领域，尤其在人工智能领域之中，百度在国内处在了领先的水平。百度度秘、小度机器人、百度无人车，这些产品是百度在人工智能领域的重要技术成果，随着对人工智能技术的进一步研究，百度将会从不同的领域完成产业布局，以全新的人工智能产品占据未来广阔的市场空间。

同样将视线放在了人工智能领域的还有小米，在雷军的带领下，小米已经投资了多达 50 家企业，这些企业分布在不同的行业，涉及许多不同的产业，各种类型的产品最终都将成为小米的终端产品，在以小米的技术为核心的基础上，将更多的智能产品与小米手机或其他小米产品所连接，共同构成小米的智能生态系统。

不只是以人工智能技术为核心的产业布局，各大互联网企业在各种领域都拥有着自己的产业力量。以电子商务起家的阿里巴巴，不仅大力发展电商业务，在物流、金融、教育领域都有所涉及。同时在一些娱乐文学艺术领域，也出现了各大巨头企业的身影，阿里巴巴入股优酷土豆，成立阿里影业、阿里文学。腾讯收购盛大文学，成立腾讯影业，与腾讯游戏、腾讯动漫、阅文集团共同构成腾讯互娱泛娱乐矩阵。

构建企业生态体系的过程就是一件充满风险的事情。对于一个企业来说，依靠企业核心产品的改良升级来拓展市场是一个十分合理的发展战略，而选择多方位的布局对于企业来说则是一种非常规的发展战略，多角度布局需要企业投入更多的资金和人力在其他领域，将更多的精力投入到其他领域，就会影响到企业在核心产品领域的发展，如果这时受到竞争对手的猛烈进攻，就会使企业失去原有的赖以生存的技术根基。所以在这之中做好平衡是十分重要的事情。

构建一个完整的生态体系成为许多企业应对未来挑战的重要举措，多角度布局可以消解企业在未来所面对的风险，即使在某一领域之中遇到了重大的危机，依然可以依靠其他领域的出色发展，为企业带来稳定的利润收入。在未来的市场竞争之中，单线作战是不利于企业的长远发展的，只有多点开花才能更好地适应未来多变的市场环境，从而在市场的竞争中获得更多用户的青睐。

腾讯便签：

全面完善产业布局是企业面向未来的重要举措，通过不断地调整企业发展的轨迹，为企业不断增添多样化的内容，从而为企业构筑起全面的复合型生态发展体系，这是一个企业走向成熟并发展壮大的重要一步。

## 进入网游：错失先机和出师不利

做一件事情，开局很重要，如果输在了起跑线上，那么追赶起来就会困难重重。先发者总是占据了最好的资源，而留给后发者的则没剩下什么有价值的东西，所以落后的人需要花费很大的精力和资金去追赶先发者。

在市场之中，有限的资源和市场空间决定了抢占先机的重要性。在商业领域之中，谁能够领先别人一步，谁就能具有更大的竞争力，无数的市场实践也证明了第一个“吃螃蟹”的人大多都成功了。但毕竟在各大市场之中，不是每一个人都能够成为“第一个吃螃蟹的人”，所以这种“落后”也并非完全意味着没有任何机会可言。可以说“先机”是成功的充分条件而不是必要条件。

所以对于那些落后的人来说，只要奋力追赶，最终谁能够摘得成功的硕果并不是一件确定了的事情。当我们输在了起跑线上时，与其不断地怨天尤人，不如紧跟对手，努力寻找超越的机会，从而利用各种可用条件超过前面的对手，完成最终的逆袭。在商场中，这一类例子也比比皆是。腾讯作为即时通讯领域的先发者，始终保持着在行业之中的领先地位，但依然有许多竞争对手对其发起攻击，试图取代它的位置。而在网络游戏领域，腾讯作为一个后来者，也始终在追逐先发者的步伐。不同的是腾讯在即时通讯领域的领先者地位始终没有动摇，而在网络游戏领域，腾讯却完成了对于先发者的反超，成为这一领域中新一代的王者。也正是因为在这一领域的优秀表现，腾讯才能够发展成为如此庞大的互联网帝国。

早在2002年，马化腾便已经看到了网络游戏市场巨大的发展前景。在2001年，中国的网络游戏市场规模只有3.1亿元人民币，而到了2002年，这一数字就发展到了10亿元人民币。在马化腾看来，随着互联网的不断普及，人们生活水平的不断提高，这一数字依然会不断扩大，因此大力发展网络游戏产业成为腾讯的又一主要发展方向。

而在这时的中国网络游戏市场之中，盛大和网易已经取得了一定的成功。尤其是盛大，凭借着代理网络游戏《传奇》，仅用一年就创造了60万人同时在线的纪录。可以说虽然仅仅晚了一两年时间，但腾讯与这些先发者之间所存在的差距却是十分巨大的。

腾讯最初选择切入网络游戏市场的方法是通过代理的模式，这是一种操作较为简单的方法，免去了游戏开发的时间和资金的消耗，通过代理国外的游戏来获得用户和收入，同时着手研发自己的游戏产品。最初腾讯选择了一款名为《凯旋》的3D角色扮演游戏，对于2D的《传奇》来说，不论是画面的华丽程度，还是游戏内容的可玩性上都高出了一大截。

但经过了精心准备的腾讯却并没有取得好的结果，由于《凯旋》

对于网络配置要求较高，使得腾讯的服务器出现了很大的问题，无法保证游戏的流畅性，这使得腾讯的第一次网游试水以失败告终。

面对这样的结果，马化腾并没有放弃网络游戏这条道路，在反复思考之后，他总结了第一次失败中的经验教训，开始了一次又一次的尝试。而正是在这一次次的尝试之中，腾讯逐渐缩小了与盛大和网易之间的距离，并寻找到了适合自己的网络游戏发展之道，从而诞生了支撑起腾讯游戏产业的几大支柱型游戏。

在现在的中国网络游戏排行榜前十之中，腾讯游戏占据着半壁江山，而处于领先地位的则是腾讯网络游戏三巨头：《穿越火线（CF）》《地下城与勇士（DNF）》《英雄联盟（LOL）》。这三款不同风格类型的游戏对于腾讯游戏的发展具有重要的意义，也正是这些游戏的出现，才使得腾讯在网络游戏市场逐渐站住了脚，并开始慢慢完成了对于国内其他网络游戏运营商的超越，从而一举成为网游市场之中绝对的王者。

《穿越火线》是 2007 年 7 月腾讯腾讯代理的一款韩国 FPS 游戏，与其他同类型射击游戏相比，《穿越火线》的入门门槛更低，同时在质量上也比较高，再加上腾讯自有的流量入口，为《穿越火线》的流行创造了极佳的条件。

相对于《穿越火线》而言，《地下城与勇士》的表现则更加优异，在 2008 年 6 月 19 日公测当天，便创造了 19 万人同时在线的盛况。而仅仅一天之后，这一人数便突破了 20 万；一个月之后，在线人数突破 50 万；5 个月后达到 90 万；仅仅用了半年时间就创造了在线百万的成绩，这也创造了中国网络游戏历史上前所未有的纪录。

《英雄联盟》成功主要的原因在于腾讯选对了时机，再加上腾讯线下的营销推广，这使得《英雄联盟》以极快的时间风靡起来。到了2013年，《英雄联盟》正式取代《穿越火线》和《地下城与勇士》，成为腾讯最为重要的网络游戏，占据了腾讯网游份额的一半以上，同时创造了全球在线人数超过700万的记录。

腾讯的网络游戏之路从最初的错失先机，到一开始便出师不利，经过了几年的艰苦探索之后，寻找到了属于自己的核心网络游戏。又通过合理的运作和不断地研发，这几款网络游戏在经历了几年之后，依然充满着生命力。这些网络游戏在为腾讯不断创造财富的同时，也让腾讯在游戏市场之中彻底站稳了脚，这对于后续的市场拓展具有十分重要的意义。

凭借着网络游戏在电脑端的出色表现，为了顺应移动互联网时代已经发生变化的用户需求，在近几年间，腾讯又开始了在手机游戏领域的探索。在这段时期，腾讯推出了多款手机游戏，其中影响最大的当属《王者荣耀》，这是一款类似于《英雄联盟》的手机端游戏，操作简单、战斗时间较短成为《王者荣耀》火爆的原因。《王者荣耀》出现在手机游戏更新换代的周期之中，经过了不断地改进与良好的运营管理，最终受到了市场的欢迎，成为腾讯旗下的爆款手游。

作为一个后发者，腾讯不仅需要比那些先发企业付出更多的努力，同时还需要紧紧地把握住自己面对的每一次机会，因为在这些机会之中很可能就蕴含着成功的因素，对于后发者而言，每一次机会都是得来不易的。

腾讯便签：

想要完成超越，就要付出百倍于他人的努力。一时之间看不到结果并不意味着失败，不断地尝试，在总结经验的同时将会缩小与前面的人之间的差距，善于把握机会将会获得超越前人的力量。

## “能不能上船不知道”

我国的互联网历史进入到移动互联网时代之后，互联网企业之间的竞争就开始日趋白热化，在某一个小方面出现了问题都会葬送掉全局的优势，即使是处在领先地位的企业也不能掉以轻心。比尔·盖茨经常会要求所有的微软员工都要有“微软公司还有 3 个月就要倒闭！”的意识，作为世界互联网企业之中的巨擘，微软可以说是众多互联网企业追赶仿效的对象。但比尔·盖茨却要求所有员工都要保有忧患意识，可见忧患意识对于一个企业而言是多么的重要。

每一个人都会有辉煌的时刻，而决定这一时刻能否长久延续的除了个人的实力外，更多的是一种防患于未然的忧患意识。人无完人，成功的人也存在弱点，如果不能时刻保持警惕，面对小小的成功就沾沾自喜，那么用不了多长时间就会被对手所超越。作为一个企业更是如此，企业要比个人复杂得多，任何一个微小的细节都会让正处于巅峰时期的企业跌入谷底，缺乏忧患意识的企业最终的结果只能是“死于安乐”。

在我国的互联网市场之中，拥有着许多互联网公司，它们不断地地争夺着互联网的市场份额。到了移动互联网时代，腾讯凭借微信一马当先，将众多竞争对手甩在了身后。微信的出现让腾讯顺利渡过了时代转型期的危机，拿到了通往新时代的门票。这是一件令人高兴的事，但对于马化腾而言，微信的出现除了给腾讯带来了新生，还带来了一种前所未有的危机，虽然现在这种危机还没有爆发，但如果任由其发展下去，微信危机终将颠覆掉整个腾讯。

进入移动互联网时代，腾讯的旧有产品渐渐地开始不再适应新时代的用户需求，而微信的出现虽然在很大程度上满足了用户的需求，但是马化腾认为现在并不能说腾讯已经成功进入了移动互联网时代，虽然微信可以作为一张入场门票，但真正“能不能上船”还是个未知数，马化腾对此有着深深的担忧，在他看来，在移动互联网时代腾讯必须考虑三个方面的内容。

首先一个方面是腾讯以往的运营风格十分沉重，主要依靠高黏性和高活跃的用户，而正是这些用户使得腾讯必须依靠复杂的方式来运营，也使得腾讯的业务无法适应移动互联网时代的快、轻、碎的节奏。相对于小步快跑的发展节奏，腾讯更擅长将用户放置在自己的业务体系的中心，这样腾讯便能够在用户的周围不断添加新的业务功能，来满足用户不断变化的需求，从而增加用户的黏性。

但在移动互联网时代，用户不再花费大量的时间守在电脑之前，只要通过手机就可以使用网络，方便快捷的同时也将大片的时间打碎。微信的出现成功地满足了用户的这一需求，更加简单更加轻快，在成功拉拢到用户的同时，也将腾讯的手机QQ业务彻底颠覆。在马化腾看来虽然现在微信的发展还是良性的，但却并不能保证其日后不会发生“暴走”。

其次一个方面在于微信虽然拿到了入场的门票，却并不一定可以将腾讯带入场内。因为这时的微信仅仅只是一个用户模型而非收入模型，可以说在市场之中，微信是叫好而不叫座的。即使微信的活跃用户已经超过了3亿，但却并不能让马化腾安心，因为拥有3亿多用户的微信并不能为腾讯带来实际的营收。

对于马化腾而言，现在微信所拿到的门票只是一张站台票，并不能够确保腾讯能顺利上车，只有找到一个可靠的收入模型，微信才能够真正地成为腾讯敲开移动互联网时代大门的门票。

最后一个方面则在于，仅仅这一张门票并不能够确保腾讯在移动互联网时代中的地位。正如腾讯在互联网时代之中一样，马化腾希望能够有一个产品将其他产品全部串联起来，一个业务带动另一个业务，从而在移动互联网时代形成一套完整的业务体系。

显然刚刚诞生的微信是无法完成这样的重任的，所以对于微信必须继续深入地探索下去，在防止它“暴走”的同时，还要让它顺利地生长下去。

微信的出现在互联网市场中可以算得上是一种划时代的产品，它紧紧抓住了新时代的用户特征，结合新时代下智能手机的普及，完成了对于即时通讯市场的占领。可以说在外界眼中，微信将成为腾讯的主力产品，它将为腾讯在新时代的发展中铺平道路。但在马化腾看来，微信的出现值得庆幸，但也要时刻保持清醒的态度，看清楚其中存在的问题。

在当今时代，作为一个企业的管理者，忧患意识是十分可贵的。往往在一个企业最为辉煌的时刻，危机便已经产生的。能够及早认识到这种荣光之下隐藏的危机是十分重要的，也是一个企业管理者必须具备的能力。面对危机，临时采取行动往往是没有用的，只有提前做好准备，将危机扼杀在萌芽阶段，才能够保证企业更加长远地发展。

在我国古代，就有着许多关于忧患意识的记载。孟子的“生于忧患，死于安乐”，魏征的“自古失国之主，皆为居安忘危，处治忘乱，所以不能长久”都说明了忧患意识的重要性。因为没有人能够预测到未来的祸福吉凶，所以提前做好应对危机的准备是十分必要的，这样即使是危机到来之时，我们也可以从容应对，渡过难关。

面对一时的成功，可以保持喜悦，但却不能一味地乐观。危机存在于任何事物之中，即使是一个具有划时代意义的产品，虽然看上去完美无瑕，但只有透过外表了解到本质之后，才能真正认清这一事物的本来面目。

腾讯便签：

不局限于眼前，将眼光放长远，善于发现身边存在的危机，及早对未来做好准备，这是企业想要取得长久发展的重要一环。

## “给自己做手术”

我们的面前总是有无数条林中小径，我们已经拥有的那些东西，都要在全新的战略里被检验，哪些是继续发展的基础，哪些是兼程赶路的拖累，其实是很难辨别的。

——《X光下看腾讯》

在我们的一生之中，会遇到许多大大小小的问题，只有解决了这些问题，我们才能继续向前发展。每解决一个问题都会让我们自身获得一种成长，可以说问题对于每个人来说，既是一种阻碍，又是一种成功的催化剂，所以时刻反思自己的问题成为一个人不断完善自我，追求成功的重要方法。

当然，这一方法放在企业之中也是依然受用的，企业的问题要比个人的问题复杂得多，其中不仅涉及企业的结构问题、企业管理者的问题，还涉及企业所面向的手中的问题和企业所处的社会环境的问题等。企业的发展也是一个不断寻找问题、解决问题的过程，如果在一个企业的发展过程中，没有遇到一点问题，那么这个企业一定是不正常的，也可以说这一点就是这一企业最为严重的问题。

很多时候，原本一帆风顺的事情，却莫名地遭遇了失败。其原因就在于事情在开始之前就存在着一定的问题，这些问题潜藏在事情的内核之中，我们只看到了这件事的表面，而没有透过表面去发现其内部存在的问题，而在事情进行过程中，内部的问题逐渐暴露，最终成为影响事情发展的重要因素，也就导致了事情的失败。

在问题出现时去解决问题是十分常见的事，而在问题发生之前便能够将其消灭于无形则是不容易的。所以善于寻找问题要比善于解决问题更为重要，也更为难能可贵。对于一个企业来说，即使是在向上发展时期，也依然需要不断地地寻找自身所存在的问题，这样才能让企业在未来的发展过程中规避掉本将发生的风险。

在2011年春节过后，腾讯在北京、三亚和杭州等城市以“诊断腾讯”为主题组织了10场专家座谈，除了腾讯的所有高管之外，共有72位互联网行业的专家参与了谈论会。这场讨论会并不是一场流于形式的营销活动，而是腾讯对于自己的一次深度剖析，在开放的基础上，聆听社会各界权威专家的声音，在寻找自己问题的同时，加深对中国互联网行业的认知。

参与会议的72位专家，有的人和腾讯有过合作，有的人则完全没有接触过腾讯，还有的是一些对于腾讯持批评态度的学者。在座谈会上，每个人都可以自由地畅谈自己的想法，腾讯方面则对于每一个意见都会详细记录。

这次诊断会主要围绕着三个议题所展开：关于公众责任和美誉

度、行业的开放与垄断、创新和山寨的难题。对于第一个议题，腾讯作为中国最大的互联网公司，其所应当承担的社会责任也变得更加重大，而在场的专家为腾讯提出的问题则是“由于核心决策层对产业趋势判断不足，对整个行业和市场存在一种错觉。”

DCCI 互联网数据中心创始人胡延平认为当前的互联网环境正在发生变化，互联网体系正在快速地从封闭走向开放。同时大企业竞争的方向已经从产品服务转向了平台级竞争，最大及最优秀的企业，一定不是自己做更多产品服务的企业，而是把整个互联网连接起来，通过自己的开放平台把整个互联网架构起来的企业。对于腾讯来说，做到这一点并不困难，但相较于其他企业而言，腾讯在这一方面的脚步太慢了。

《21 世纪商业评论》主编吴伯凡则尖锐地指出了腾讯思维模式中存在的“帝国的思维”，他将腾讯比作蒙古帝国，虽然疆域非常大，但管理半径却并不够大，很可能会由于企业规模发展过快，但企业管理半径却不大，因而会在短时间内遭遇到严重的危机，甚至会因为某一点而被彻底瓦解。

同时对于腾讯的创新问题，各位专家也展开了激烈的讨论。腾讯的创新模式在于以 IM（即时通讯软件）为核心，构成巨大的用户基数，从而进入到众多的应用性市场之中，关于产品的创意大多都来自于其他公司的先发试验，然后腾讯再将用户的体验推向极致。这种行为在本质上确是一种山寨的模仿行为，但在中国的互联网历史上却是十分常见的，在过往的 10 多年中，这是许多互联网公司的成功路标。

在诊断会的最后，专家们总结了三点关于中国互联网未来的命题。其一是专家们在讨论了中美互联网差异性之后，提出的消费模式和体验方式上的创新可能。其二是认为过于迎合用户的时代已经过去了，现在的互联网公司应该将战略诉求放在创造需求上。其三是提出真正能够带领中国互联网公司走向成功的是价值观，而不是各种各样的应用性技巧，端正的价值观是企业发展最为稳固的基石。

经历了3Q大战之后的腾讯，开始不断地地寻找自身的问题。在马化腾看来，3Q大战的发生正是腾讯自身问题的外在表现。事情虽然已经过去，但事件的影响对于腾讯来说却是十分深远的，马化腾知道在腾讯的本体之中仍然存在着这样或是那样的问题，如果不及早发现，那么像3Q大战一样的事情依然会发生在未来腾讯的发展过程之中。

在2013年1月4日，中共中央政治局常委刘云山在全国宣传部长会议上提到："要树立问题意识，问题是时代的声音，要善于发现问题、提出问题、直面问题、研究问题、回答问题，积极推进问题的解决，集聚推动发展的正能量。"在社会发展的过程中要树立问题意识，在企业发展的过程中更要树立问题意识。在很多时候，导致企业发展受到阻碍的，往往是企业内部的问题。只有努力寻找问题、解决问题，才能够从根本上解决企业发展中所面临的各种困难。

腾讯所召开的这10次诊断会不仅仅局限在腾讯自身问题的剖析上，同时涉及了中国互联网发展过程中的所有重大命题，对于一些答案较为清晰的命题加以分析，对于没有明确答案的命题加以讨论，在中国互联网的发展史中，这10次诊断会具有十分重要的思想价值，它们不仅是腾讯对于自己的"手术"，也是对于整个中国互联网发展的"把脉"。

腾讯便签：

防微杜渐是企业平稳发展的关键，无论在企业发展的哪一阶段，都应该树立起问题意识，不断地寻找企业自身所存在的问题，在不断解决问题的过程中促进企业的健康发展。只有这样，企业才能拥有一个更加美好的未来。

# <<< 第三章

# 移动互联网时代的一场硬仗

## 腾讯：互联网世界的“连接器”

中国的互联网市场已经有了20多年的发展，从最初的以电脑为终端的互联网时代，逐渐发展到了以手机为中心的移动互联网时代。而如今，移动互联网也已经日薄西山，新的以人工智能技术为主要核心的时代即将到来。无数的互联网企业在时代更迭的大潮中消失，而那些根基深厚的互联网巨头依然在时代的大潮中屹立不倒。之所以能够做到根基深厚，屹立不倒，是因为在发展的过程中对于自身有着明确的定位和清晰的产业布局。

任何一个企业都拥有一项核心的业务，这一核心业务相当于大树的树干，随着企业的不断发展，在树干之外，又长出了许多新的枝干，这些枝干有的甚至可以成长为一棵新的大树。无数的枝干使得企业这棵大树越来越繁茂。在我国的互联网企业之中，这种现象尤为普遍，而在互联网世界之中，这种现象的表现被称作“互联网+”。

在2015年的全国两会上，“互联网+”的概念出现在了政府工作报告之中。李克强总理提出：“制定‘互联网+’行动计划，推动移动互联网、云计算、大数据、物联网等与现代制造业结合，促进电子商务、工业互联网和互联网金融健康发展，引导互联网企业拓展国际市场。”互联网已经渗透到了每个人的生活之中，无论是个人生活还是企业的经营活动，互联网都留下了深刻的印迹，而在这之中也孕育着种种变革。

在移动互联网时代，手机从一个通讯工具逐渐发展成为一种与人体相关联的“电子器官”。在马化腾的眼中，未来不仅是人与人之间，人与设备、设备与设备之间，甚至是人与服务之间都有可能会产生连接。正是因为这种趋势的出现，腾讯才决定将未来的发展目标定位在了“连接一切”上。

而在“连接一切”的基础上，马化腾又进一步提出了腾讯的“互联网+”战略。在这里，互联网成为一种工具，通过这一工具串联起了通信、娱乐、零售、金融等各行各业。而在腾讯的发展计划之中，微信则成为腾讯通向实体经济的一条主要途径。马化腾认为，腾讯可以通过微信这一公众平台，将用户和实体世界连接起来，从而搭建出一个能够连接用户和商家的平台。

对于腾讯而言，要实现“互联网+”第一步就是要搭建出一个支撑其发展到的基础设施，马化腾在2016年7月的第二届腾讯“云+未来”峰会上曾提到：“‘互联网+’的基础设施的第一要素就是云。”这是基于云计算技术的一系列服务，腾讯的云服务又被称为腾讯云。

在早期的QQ中，便已经涉及云端存储和分享等技术服务，经过了长达10年多的积累，腾讯掌握了大量的云服务技术和能力，在2010年以前，这些技术主要被用来支撑腾讯的QQ、微信和游戏等业务的运营。到了2010年之后，腾讯才开始对外提供云服务。到了2011年，腾讯云对外服务已经初具规模。到了2016年，在给合作伙伴的公开信中，马化腾写到：“云和分享经济像一枚硬币的两面，分享经济就是生产力的云化。”

这一年，腾讯云已经为超过百万的开发者提供服务，数据中心节点已经覆盖了全球五大洲，行业解决方案覆盖了游戏、金融、医疗、电商、旅游、政务、教育、智能硬件等多个行业，对外开放技术包括大数据分析、机器学习、视频互动直播、自然语言处理和智能语音识别等能力。

马化腾认为企业向云端迁移，不仅能够节省成本、提高效率，更重要的是每个企业都能够将独特的资源和能力分享出来，只做自己擅长的工作，将其他工作交给合作伙伴。通过腾讯云，腾讯开始了自己的开放之旅。在近几年时间里，腾讯从原来的模仿式创新模式中挣脱了出来，开始了一条全新的开放战略之路。在这条战略道路上，腾讯专注于做连接，这也使得腾讯从原有的单一业务模式发展成了多业务模式的大型互联网企业，在社交平台和数字内容领域发挥着重要作用。

除了社交平台和数字内容外，互联网金融也是腾讯“连接一切”的重要组成部分。2014 年 3 月，银监会批准了 5 家民营银行开展试点工作，这是自 1949 年以来，民间资本第一次被允许进入银行业，而其中腾讯获得了一张宝贵的牌照。12 月 12 日，微众银行成为中国首家互联网银行。2015 年 1 月 4 日，李克强总理赴微众银行视察，亲自敲下电脑回车键，为卡车司机徐军发放了 3.5 万元贷款，这也是互联网民营银行的第一笔放贷业务。

2015 年 9 月，腾讯在原有的在线支付部的基础上成立了“支付基础平台与金融应用线”，其中包括理财通平台、支付平台、研发平台和金融合作与政策等模块。拥有财付通、腾讯理财通、微信支付基础平台、QQ 钱包等业务产品。作为腾讯的战略业务之一的金融业务，腾讯并没有进行全面掌控，而是选择只做“半个”，将剩下的“一半”交给其他金融机构的合作伙伴去做，腾讯要做的是中间的“连接器”。

在移动互联网时代的末期，“互联互通”已经成为许多企业之间的共识，而对于互联网企业而言，没有传统企业所具有的多年积累的实践经验，却拥有着广阔的互联网技术平台。在“互联网+”战略的指导下，互联网企业与传统企业将连接在一起，通过发挥各自的长处来获得长远的发展。

在腾讯发展的最初阶段，单一的即时通讯软件成为支撑腾讯发展的核心产品，在当时的互联网环境之下，腾讯凭借QQ获得了庞大的用户基数。但随着互联网环境的变化，用户需求的改变，以及同行业之间竞争的加剧，单一业务已经无法支撑腾讯的发展。在分析了市场环境之后，腾讯开始了自己的扩展之路，腾讯的规模不断扩大，但在其中也存在着许多的问题。到了移动互联网时代，开放平台成为互联网企业发展的重要方向，腾讯依托自己的产品及业务优势，及时调整了自己的发展方向，这一次腾讯选择成为互联网世界中的“连接器”。

腾讯便签：

一个企业在不同的发展阶段要有不同的企业定位和发展目标，随着市场环境的改变，企业的目标定位也要随之而改变，只有这样才能在市场大潮之中逐浪前行。

## 移动互联网时代的机遇与挑战

互联网作为人类社会发展史上最伟大、最重要的发明之一，经过了几十年的发展，不仅自身发生了很大的改变，对于社会生活也造成了极为深远的影响。从最初的传统互联网，发展到了现在的移动互联网，越来越多的用户开始享受互联网为生活带来的便利。科学技术的进步推动着互联网时代的演变，高速的移动网络以及先进的智能终端设备，成为移动互联网时代最为重要的技术特征。

相较于互联网时代，移动互联网时代依靠智能终端接入网络，不仅扩大了互联网的影响范围，更为用户提供了一种新的社会生活方式。依靠手机浏览互联网，处理日常事务成为大多数用户的选择，因此这也就带动了用户需求的进一步改变。对于互联网企业来说，用户需求的改变意味着新的市场商机的出现，这之中既存在着机遇，也隐藏着挑战。

而对于腾讯来说，移动互联网时代的最初阶段是十分难熬的，刚刚从“3Q 大战”中脱身的腾讯，仍处于满身疲惫的状态，但这时移动互联网时代的大幕却已经拉开了。随着 iPad 和 iPhone 4 的火爆热销，在短短一年时间之中，智能手机和平板等终端设备开始占领市场。转眼之间，互联网用户关系发生了天翻地覆的变化，一直聚集在 PC 端的用户开始逐渐转向移动端，新的用户群体产生了新的用户需求，这对于依赖于 PC 的腾讯无疑是一项巨大的挑战。除了这方面外，新浪微博的出现对于腾讯在移动互联网时代的未来似乎更具有威胁性。

2009年9月，新浪微博正式上线，这是一款模仿Twitter的社交软件，相较于QQ而言，它的使用更加便捷，而且更接近于一个网络社区。新浪方面通过精巧的媒体运营手段，广泛邀请明星入驻，在明星效应的带动下，新浪微博以令人震惊的方式疯狂吸引着广大用户的加入。智能终端设备的出现，更加促进了新浪微博的发展，在移动智能设备普及之后，新浪微博也成为新一代的国民级产品。

在新浪微博的运营维护上，新浪举全体之力，不断研发新的功能，并简化更多使用环节，这为用户带来了更好的使用体验。而在2010年11月5日，新浪微群的推出可以说是对QQ的一种正面进攻，新的微群产品不仅具备了媒体传播的功能，同时还兼具了即时通讯的能力，而此时的腾讯仍然陷身于“3Q大战”之中，新浪微博渐渐开始了自己的“超车”之旅。

2010年11月16日，在首届微博开发者大会上，新浪方面宣布，新浪微博的用户已经达到了1亿人，每天的微博发送量已经超过了2500万条，而这其中有超过三分之一是来自移动端，这也就表明新浪微博已经成为在移动互联网时代中国最有影响力、最受瞩目的微博运营商。

新浪微博已经发展成了“燎原之势”，这时的腾讯才刚刚走出“3Q大战”的阴霾之中，还没来得及整理，便进入了与新浪微博的战争之中。马化腾明白在这一新的时代之中，时间就是最为宝贵的资源，面对新浪微博带来的威胁与挑战，腾讯必须应战，而且要迅速地加入战场，于是就有了腾讯微博的匆匆上线。

腾讯微博于2010年5月上线，与新浪微博相比整整相差了8个月时间，如果在互联网时代，腾讯还有时间追赶上新浪的步伐，但在移动互联网时代，这8个月的时间对于腾讯而言已经成为一条无法逾越的鸿沟。

在战略上，腾讯采用了与新浪相似的方法，通过说服各路明星和意见领袖加盟腾讯微博，从而将用户拉入到腾讯微博之中，为此腾讯采取了各式各样的手段。同时依靠QQ平台强大的用户基数，腾讯开始引导用户转移到腾讯微博之中。仅仅7个月之后，腾讯宣布微博用户已经达到了1亿。

虽然腾讯凭借着自身原有的优势加快了腾讯微博的发展速度，但依然无法缩小与新浪微博之间的差距。可以说腾讯如果单纯地想要通过同样的产品去完成超越，显然是不现实的。移动互联网时代，已经完全不同与互联网时代，用户的需求更加挑剔，用户并不需要同样功能的产品，在某一特定的市场之中，排名第二的产品与排名最后的产品对于用户的价值是相同的。

在这新的具有转折意义的时刻，每一个互联网企业都在寻找着属于自己的战略型产品，新浪拿到了这一新时代的第一张入场券，而腾讯显然在准备进入新时代之前便遇到了挑战。可以说如果腾讯无法拿出一个能够适应新时代的新产品的话，即使再庞大的帝国也就会面临分崩离析的结果。

古语有云："福兮祸之所倚，祸兮福之所伏。"很多时候机遇往往是和挑战并存的，只不过有时是机遇先出现，有时则是挑战先出现。这种机遇与挑战往往是会互相转变的，也就是说如果先遇到机遇的人，若不思进取，挑战便会随之而来；如果遇到挑战的人，如刻苦攻坚，依然能够等到机遇的降临。腾讯的转变就很好地阐释了这一道理。

在新浪微博面前，腾讯微博节节败退，显然无法再与新浪为敌，但马化腾却并没有及时停掉腾讯微博的运营。马化腾知道腾讯微博已经无力回天，但至少可以抵挡住新浪微博的进攻态势，所以腾讯微博需要继续承担起抵御新浪微博进攻的责任。而“超车”的工作则交给其他产品去做，这里所说的“其他产品”就是微信。

微信的出现对于腾讯而言可能是一个偶然的事件，但微信在腾讯能够获得成功则一定是一件必然的。在移动互联网时代的初期，除了以新浪微博为代表的社区类产品外，另一类产品也十分受用户喜欢，那就是即时通讯软件，这一类软件并不同于互联网时代的 QQ 等聊天软件。在新时代下，即时通讯市场呈现出了一种新的趋势，那就是语音通讯方式的出现。

在微信之前，Kik 和 Talkbox 都是新出现的即时通讯软件，相较于 Kik 而言，Talkbox 最大的特点就是通过语音录制和传输为基本的信息传递方式，这种方式不仅便捷，同时也更能表达出用户的真实情感，可以说相较于单纯依靠文字传输方式的聊天工具，这种新型的聊天工具更加适合用户的需求。

正是看到了这样的机遇，马化腾才决定放弃与新浪微博的正面碰撞，他要以一种颠覆性的产品来完成腾讯在移动互联网领域的新发展。马化腾将微信开发的任务分配给了三个团队去做，最终张小龙所带领的团队完成了微信的研发工作，将微信推向了市场之中。

这一看似与腾讯的主营产品 QQ 相互冲突的产品，刚一进入市场就爆发出了惊人的能量。面对着市场的反馈，张小龙团队不断地优化着微信的功能，随着微信版本的更迭，以及智能终端设备的普及，微信的用户数量呈现出井喷式的增长。从 2011 年 1 月 21 日，到 2013 年 1 月 15 日，短短两年时间，微信便获得了超过 3 亿的用户支持。

正是抓住了语音通讯这一机遇，才使得微信获得了成功，并最终发展成为腾讯的重要支柱之一。通过自身不断地探索，腾讯最终抓住了新时代的机遇，找到了自己的发展之路。

腾讯便签：

移动互联网时代，机遇与挑战并存，这一新的时代对于任何人都是平等的，每个人都会遇到属于自己的机遇与挑战，即使是危机和挑战先“登门”，也不能放弃。因为机遇就在挑战的身后，抓住了机遇就能够克服困难和挑战，赢得成功。

## “5F”思维：移动互联网时代必不可少

在探索腾讯的成功之道时，我们会发现在腾讯的身上有着许许多多的优点，正是这些优点助力腾讯发展成为今天的庞大帝国。但如果我们再去细致地了解腾讯，便会发现在腾讯的成功之路上，起到更大作用的是顺应用户，顺应市场的战略思维，可以说以用户价值为依存，顺应市场的发展规律，是腾讯一步步崛起的关键因素。

腾讯发迹于互联网时代初兴时期，随着互联网的不断发展而发展，到了移动互联网时代，腾讯顺应时代的发展趋势，不断推出新产品，来吸引更多的用户，可以说正是在移动互联网时代腾讯才最终迎来了自己的辉煌，并且至今仍保持着向上发展的稳固态势。

从腾讯在移动互联网时代的战略布局之中，我们很容易发现，腾讯的许多战略手段正是基于移动互联网时代的市场规律而制定的，在这些战略手段之中，腾讯也严格地遵循着移动互联网时代的“5F”思维，正是在“5F”思维的指导下，腾讯才在移动互联网时代中一步步走向了强大。

在互联网时代，互联网思维主导着市场之中企业的市场行为，无论是传统媒体还是传统企业，互联网思维覆盖着各行各业。它分别从便捷、免费、数据、用户体验、诉求等几个角度对于企业的市场行为做出了规定，这是一种对市场、对用户、对产品、对企业以及对整个商业环境重新审视的思考方式。

但到了移动互联网时代，依然依靠着互联网思维的企业虽仍然锐意进取，不断创新，却已然失去了市场的主导权，而一些新型的互联网企业则迅猛发展起来，这些新型企业所具有的是一种升级之后的“互联网思维”，这种移动互联网时代的新的思维方式又被称为“5F”法则，也就是“焦点思维（Focus）、碎片化思维（Fragment）、粉丝思维（Fans）、快一步思维（Fast）、第一思维（First）”五种思维方式。

焦点思维（Focus）是一种“少作为”的思维方式，相比于“做什么”，“不做什么”的价值更高一些。对于许多产品设计而言，简单往往是其成功的关键，而专注于一点则更能够挖掘出产品的真正价值。正如乔布斯曾说的：“简单比复杂更难，你必须更努力工作来使你的思想干净、简单，但这是值得的，因为你一旦做到了，你就可以移山了。”

微信自推出以来，就受到了许多用户的喜爱，而微信的火爆，最主要的原因便是在于其不断推出的新的内容及功能。“摇一摇”“漂流瓶”和“附近的人”等功能一次次地抓住了用户的需求心理，也使得微信一次次成为同类产品中的焦点。在微信“摇一摇”的界面当中没有过多的解释性字句，操作起来也非常简单，易于学习。在“微信之父”张小龙看来，如果在微信中，一个功能需要过多的文字去解释，那么这一功能在设计上就是失败的，微信不需要这种功能。

移动互联网时代的产品与互联网时代的产品有着很大的区别。在互联网时代，产品的附加功能越多，越容易受到市场的欢迎。而到了移动互联网时代，在产品的设计上很多时候都是在做减法，越来越快的生活节奏让用户没有办法去集中精力了解产品的复杂功能，只有将产品的功能“化繁为简”，将自身的产品优势做到极致，从而在用户的心中留下深刻印象，这样才能将用户固定在产品之中，最终获得更多的用户喜爱。

碎片化思维（Fragment）则是一种从用户行为习惯转变而产生的一种思维方式。在移动互联网时代许多碎片化的时间得到了利用，我们可以假设一个这样的场景：小王是一家科技公司的普通职工，因为上班路程较远，所以在上下班时他需要坐一段时间地铁，到了中午吃饭时，因为餐馆中人比较多，他需要打电话订个座位，然后还需要花一段时间等着上菜，晚上下班与朋友相约，他需要寻找一家好的餐馆，然后规划出一条路线，这就是小王一天之中的几个主要的生活场景。

在上面小王的生活场景中我们可以看到，不仅时间是碎片化的，这些生活场景也是碎片化的。其中涉及小王坐地铁，中午订餐，等待上菜，和朋友预约餐馆，规划路线等几个场景。在互联网时代要解决这些问题需要依靠电脑，而到了移动互联网时代，小王则有了更多的选择，坐地铁的时间可以浏览手机中的新闻，中午可以通过手机团购订餐，等待上菜的时候可以玩一玩手机游戏，晚上通过手机地图导航到与朋友约定的地点。这些新的变化不止出现在小王一个人身上，这正是在千千万万用户身上共同发生的改变。

对于移动互联网时代的企业来说，利用用户的碎片化时间和场景，在结合自身产品特点的同时，让更多的用户在碎片化时间内选择自身的产品，从而获得市场之中更为广阔的用户空间，扩大自身的品牌影响力。通过利用有价值的内容和特色服务来覆盖用户的碎片化时间的思维方式就是移动互联网时代的碎片化思维。

粉丝思维（Fans）可以说是移动互联网时代最具代表性的思维方式，从苹果到小米，用户已经从单纯的消费者转化成为品牌产品的用户者。更多的企业将品牌产品与用户体验相连接，而且不断地地加深其中的情感联系，一步步将普通的用户发展为忠实的用户，同时进一步将用户发展为用户品牌的粉丝。这种方式不仅能够提高产品的销量，同时还将为品牌带来许多积极的口碑效应，同时在品牌陷入危机之时，能够得到粉丝用户的支持。

小米可以说是移动互联网时代“粉丝思维”的践行者，“米粉”也成为新一代的粉丝代表。从米粉节到网上社区，再到各种各样的线下活动，小米通过“为发烧而生”的口号聚拢了庞大的粉丝力量。而小米之所以能够在3年时间内创造出中国互联网企业的奇迹，很大程度上是由于“米粉”的力量，除了购买力之外，“米粉”为小米的品牌宣传做出了巨大的贡献。小米这种通过个性化品牌来吸引目标用户群体，同时通过多样化的手段来凝聚粉丝力量的方式，正是粉丝思维的最好表现。

快一步思维（Fast）是将企业产品的研发更新速度放在第一位的一种思维方式，在移动互联网时代，竞争无处不在，单一领域的发展已经不能够满足多样化的市场竞争了。所以无论是BAT等商业巨头，还是其他领域的企业，全面化的市场布局成为主要的市场战略，而在这种“全面布局之战”中，速度便成为决定最终胜负的关键所在。

在市场之中，用户的数量是有限的，而应用户需求而生的行业领域也是有限的，只有快一步在有限的行业领域中完成布局，才能够比其他竞争对手更快地获得向前发展的机会。这是一个速度为先的时代，一个企业如果在战略布局的发展上稍慢了一步，那么随着竞争的加剧，这一步将会越来越大，最终成为企业无法逾越的鸿沟。而想要弥补这种鸿沟，企业就要付出百倍千倍的代价，可见快一步思维在市场竞争之中是多么的重要。

第一思维（First）相较其他思维来说更容易理解一些。不仅在移动互联网时代，这一思维在任何一个时代之中都是十分重要的，只不过在移动互联网时代之中，这种思维方式的作用表现得更为明显。生活节奏的加快，让消费者没有过多的时间去了解产品的全部内容，虽然信息的开放性让消费者有了更多的选择，但是当消费者选定了自己心目中的“第一产品”之后，就不再愿意花费时间在同类型的产品之中寻找更好的了，也就是说在消费者的眼中，第二名和最后一名一样，都是没有什么意义的。

正是因为这种情况的出现，市场竞争才越发地激烈起来，近年来团购网站间的“补贴大战”，以及共享单车之间的“烧钱大战”正是这种思维方式的表现。但这种第一思维最终需要依托的还是产品自身的硬实力，虽然“补贴”和“烧钱”能够将竞争对手扼杀，但如果自身的产品没有足够的实力，那么已经灭亡的竞争对手，将如野草一般重新生长，再度加入到激烈的市场竞争之中。所以在移动互联网时代所提倡的“第一思维”是一种通过产品创新和技术改进而为用户带来更好地使用体验的一种思维方式，只有从硬实力上获得用户的认可，才能够在激烈的市场竞争中长盛不衰。

移动互联网时代的“5F”思维从不同的角度对企业的发展做出了规划和指导，企业依据“5F”思维制定的战略发展规划是符合市场竞争规律的，同时也能够更好地受到用户的喜爱，说到底这些思维方式都需要依靠创新思维来起作用，懂得“5F”思维的企业很多，但真正成功的企业却并不多。

腾讯便签：

腾讯在移动互联网时代的发展史就是“5F”思维的践行史，将“5F”思维创造性地植入自身的产品之中，是腾讯在市场竞争之中制胜的关键。即使发展成了一座庞大的帝国，腾讯依然在坚持着用“5F”思维来指导自身的市场实践，并不断地从市场中总结新的经验和思维方式。

## “二维码”颠覆“线上”与“线下”

“二维码是用某种特定的几何图形按一定规律在平面（二维方向上）分布的黑白相间的图形记录数据符号信息的。在代码编制上巧妙地利用构成计算机内部逻辑基础的‘0’‘1’比特流的概念，使用若干个与二进制相对应的几何形体来表示文字数值信息，通过图像输入设备或光电扫描设备自动识读以实现信息自动处理。”这是在百度百科之中对二维码的解释。这些晦涩的字句并不容易理解，但在现实生活中形形色色的二维码图案则广泛地影响了每个人的生活。

二维码的产生历史很早，却一直没有得到普及，除了出现在各种设备的标注上面外，二维码似乎并没有多少“用武之地”。在21世纪初的几年，手机二维码出现在电影海报和杂志之上，但依然处在不温不火的阶段，在当时的市场之中，二维码缺少一个适合的应用场景。随着移动互联网的发展，许多互联网企业将眼光放在了二维码领域，它们希望能够通过二维码来将“线上”与“线下”串联起来，这也使得二维码迎来了属于自己的春天。

腾讯是最早进行这方面尝试的互联网企业，依托自身的社交软件平台，腾讯将二维码植入到其产品之中，将二维码作为一个新的连接“线上”和“线下”的入口。

> 2012年9月11日，马化腾在互联网大会上提出“二维码是连接线上线下的关键入口”的口号，同时宣布了将在微信等产品中大力推广二维码。马化腾认为这样可以通过手机终端，实现过去PC很难做到的跟现实连接的一个标签，而在这个标签的背后，则隐藏着丰富的网络资讯。用这种方式，通过手机自带的摄像头拍摄二维码从而产生的新的名词，马化腾将其命名为“扫一扫”。马化腾希望通过微信不断强化二维码的功能，通过微信庞大的用户基数，从而更加广泛地推广扫描二维码的概念。
>
> 而在微信加入二维码之后，新浪微博也很快加入了二维码的功能，除此之外，阿里巴巴旗下的支付宝和聚划算、UC浏览器等许多平台都已经加入了二维码功能。面对这很早便已经出现了的“新的商机”，显然谁都不想落在他人后面，正由于众多企业产品的加入，二维码也正式开始了自己的发展之路。

随着移动互联网的不断发展，二维码也随着各企业间的产品变换着自己的形式，而其功能也在不断地发生着改变。直到今天二维码依然在向前发展，但其连接“线上”和“线下”的功能却开始发生了改变和分化，二维码已经从原来的单一的“入口”功能向其他功能模式转变。

首先是在社交软件平台上，其中微信、QQ 和新浪微博是最主要的代表。在新浪微博之中，通过扫描二维码可以打开个人资料页和指定网页或是直接打开已输入特定内容的微博发布框。新浪将二维码作为一种辅助工具植入到了微博之中，从而为使用微博的用户提供了更好的用户体验。

而微信和 QQ 除了在社交功能领域植入了二维码，使得用户与用户之间可以通过二维码互相添加好友和传输信息，同时腾讯依然希望通过微信的二维码功能，来打通“线上”与“线下”的通路，在商家和用户之间建立联系，从而带动 O2O 业务的发展。而微信和 QQ 最为成功的二维码功能，便是扫码支付，通过与腾讯旗下支付平台财付通合作，微信开发出了通过二维码扫描的功能来完成线上支付，这很好地解决了线上支付的问题。

第二点则是将二维码作为支付凭证。在这一模式之中，美团等团购网站应用较多，用户通过在网上选购美食、电影票、旅行门票等物品，在完成支付之后，会收到一个二维码的电子凭证，用户可以通过这一电子凭证去线下进行消费。

这种二维码的运营模式从利润层面来讲是十分有限的，但在市场规模上面却十分巨大，随着智能手机的普及，社会生活节奏加快，许多团购网站纷纷发展壮大，而在其背后二维码则充当着一种电子凭证的作用。如今许多餐馆酒店，娱乐场所也都已经采用了线上支付，线下验证二维码的方式进行消费，这大大节省了消费者在线下的等待时间。

第三点是通过二维码购物。在市场之中，出现了一批依托二维码的移动电子商务平台，通过为商家制作和营销二维码，从而使用户扫描二维码来登录到特定的移动电子商务平台之上完成购买行为。但在现阶段来看用户通过扫码购物的行为习惯还没有养成，并且扫码购物只是解决了用户购买商品的问题，而涉及物流和售后等问题依然是需要特别考虑的。

这一点在已经有了一定规模的电商平台之中未必不是一种有益的尝

试，而现阶段电商平台则主要将二维码应用于互联网金融之中。支付宝的扫码支付和微信的扫码付款就是比较具有代表性的应用，扫码支付也成为互联网巨头在互联网金融领域角逐的重头戏。

第四点应用则出现在二维码阅读和服务上。在二维码推广阅读方面，通过将传统的互联网链接转换成为一个个二维码推广框，这对于网络内容的推广作用是十分巨大的。通过手机摄像头一拍便可以进入到相关的信息阅读页之中，同时也节约了手动输入网址的时间。

在新出现的共享单车行业之中，二维码解锁成为一种既便捷又安全的方式。扫描二维码不仅可以完成解锁单车，同时还能进行网络支付，对于商家的营销活动具有极大的帮助。但在实际的使用之中，这种通过扫码解锁的方式仍然面临着许多的问题，比如人为破坏或是扫码失败等。

随着移动互联网时代的不断发展，便捷安全成为众多用户的共同需求和选择，而二维码则重新回到了公众的视野之中，二维码也从单一的标记转化成为涉及多行业多领域的多功能工具。随着互联网市场的不断发展，二维码连接“线上”与“线下”的作用将会体现得更加明显。

**腾讯便签：**

不断发现市场之中出现的细小变化，善于利用市场之中出现的技术产品，许多产品之所以没有得到大范围的使用，原因并不在于其功能性的缺失，很多时候只是因为属于这一产品的时代还没有到来，当然不断完善产品自身的功能也是十分必要的。

## 当传统行业进入移动互联网时代

中国的互联网已经发展了 20 多年，我国也从互联网时代进入到了移动互联网时代，随着互联网市场的不断扩大，越来越多的行业领域开始与互联网产生关系。在互联网时代，互联网企业作为新兴企业与传统企业之间因为所涉行业领域不同，并没有形成广泛的市场竞争，互联网企业的竞争大多局限在行业内部。而随着移动互联网时代的到来，互联网企业和传统企业间的界限渐渐被打破，互联网企业开始跨行业间的业务扩展，这是一种市场发展的必然规律，这便对传统的行业造成了冲击，也要求传统行业在移动互联网时代需要改变自己的“固有属性”，在传统之中注入新的时代内容。

在 2015 年的两会上，李克强总理曾 8 次提到了互联网，而其中“互联网 +”无疑成为当年最为热门的词汇，李克强总理在政府工作报告中提到，国家将制定“互联网 +”行动计划，推动移动互联网、云计算、大数据和物联网等与现代制造业等传统行业相结合，促进电子商务、工业互联网和互联网金融的健康发展，从而引导互联网企业不断拓展国际市场。

“互联网 +”是互联网思维的实践结果，是一种互联网发展的新业态。而“互联网 +”从通俗的角度来讲，也可以被理解为“互联网 + 各个传统行业”，当然这种相加并不是简单地将二者放在一起做加法，而是通过一定的技术手段，利用互联网平台，让传统企业与互联网深度融合，从而创造出的一种新的社会行业形态。

“互联网 +”也是传统行业进入移动互联网时代的最佳选择，在互联网行业开始不断扩展自己的势力范围的同时，传统企业想要保留住自己的发展空间，就需要选择变革自身，而这其中与互联网企业的合作则是最为便捷且效率最高的一种方法。

对于互联网企业而言，对于传统行业的涉足，选择与传统企业合作是最好的选择。一方面可以减少互联网企业进军传统行业的阻力，另一方面也能够更多地借鉴传统企业多年间的经验。而对于这一点，马化腾早已规划好了腾讯的“互联网 +”计划。

在 2015 年全国两会的前一天，马化腾曾提出了《关于以“互联网 +”为驱动，推进我国经济社会创新发展的建议》的议案，在这一议案当中，马化腾主张要以“互联网 +”为驱动，不断鼓励产业创新，促进行业之间的交流与融合，从而推动社会生活的发展和经济的创新增长。而早在这一议案之前，腾讯便已经开始了“互联网 +”的实践，通过微信公众号、腾讯应用宝、大众点评、滴滴打车等软件开始了与传统行业之间的合作与交流。

腾讯的微信公众号目前已经在与民生、医疗、教育、金融等多个传统行业的融合中取得了成果。2015 年年初，我国各级政府已经在微信上开通了 2 万多个公众账号，通过这些账号及时了解社会群众的各种需求，同时为社会提供各类型的服务。据统计，已经有超过 90 万的广州市民通过微信中的“城市服务”窗口获得了医疗、交通、出入境、教育、缴费等民生服务。

而在教育领域中，腾讯开设的腾讯课堂已经获得了超过 5000 家教育机构的支持，在腾讯课堂之中，拥有超过 3 万门课程，涵盖了中小学、大学、职业教育等多层次的课程内容，每周在腾讯课堂中学习的人数已经超过了7万人。

而腾讯在医疗领域则开展了“互联网+医疗”模式的实践探索，截至2015年，全国已经有100家医院上线了微信全流程就诊，超过1200家医院支持微信挂号。这从很大程度上缓解了医院的就诊压力，大大提高了患者的就医效率。

除了通过微信公众号，腾讯推出的应用宝产品通过特殊的营销方式为传统行业的转型起到了巨大的推动作用。为了鼓励用户去下载传统行业所推出的APP软件，腾讯推出了“扫红码得红包”活动，在这一活动的推动下，许多传统行业推出的APP软件在下载量上获得了极大的增长，在2014年，招商银行推出信用卡“掌上生活”手机客户端时，通过应用宝活动新增了超过100万的下载量。而腾讯应用宝通过另一活动，在仅仅两天时间内，苏宁易购APP的下载用户就增长了100倍。

除了自身产品之外，对于自身参股的产品，腾讯也推出了许多助力传统行业的活动。其中“滴滴打车”从打车初始阶段到下车使用线上支付车费的方式，将线上与线下相结合，在乘客和司机之间建立起了一个完美的闭环，这不仅改变了传统的打车方式，更提高了出租车的利用效率，可以说这是在出租车领域的一场深刻变革。

在提出“互联网+”理论的同时，马化腾便表明腾讯并不会自己动手去做每一个行业，他将腾讯看作是一个“连接器”，希望腾讯可以成为个提供工具的平台，在这里传统行业可以获得自己所需要的进入互联网行业的“利器”。腾讯希望通过与传统行业中的企业合作，来带动传统行业的发展，从而加快传统行业进入互联网领域的步伐。

腾讯通过互联网思维所展开的互联网营销，为许多传统行业带来了新的机会，为传统行业在移动互联网时代中的起步提供了巨大的动力。而在这一过程中，在“互联网+”理念的指导下，又将会诞生更多新的产业机会，这无论是对于传统行业还是互联网行业来说都是不可多得的机会，谁能够抓住这些新出现的机会，谁就能够在未来的新的市场竞争中获得胜利。

通过与互联网企业合作，不断增强自身的互联网思维能力，利用智能终端平台，获得最优质的互联网资源，这是移动互联网时代传统行业的必然选择，也是传统行业进入互联网市场的必经之路。科学技术不断发展，移动互联网也在无时无刻发生着变化，移动互联网与人们的生活联系越来越紧密，线上与线下正在不断融合，这在一定程度上加快了传统行业进入互联网市场的速度，但同时也为传统行业在互联网行业中的发展制造了风险。在互联网市场之中，机遇与挑战共存，抓住机遇，直面挑战，传统行业只有接受互联网思维才能在未来的互联网市场之中越走越远。

腾讯便签：

面对传统行业向互联网市场过渡，合作共赢是互联网企业最好的选择，没有哪个企业可以横跨每一业务领域，越是复杂庞大的组织结构，就越容易出现崩塌的危险。选择与传统行业合作，借势借力，从而共同创造互联网市场的和谐繁荣，才是最为高效的市场竞争方式。

# “三马”聚首，腾讯涉足互联网金融

随着智能终端设备的全面普及，中国的移动互联网时代已经发展到了黄金时期，在这一时期的互联网市场之中，最为火爆的词汇无疑是“互联网+”。随着“互联网+”战略的不断深入，许多新的商业模式开始涌现出来，传统行业借着移动互联网的东风，也开始了自己的变革之路。而在市场经济之中，最为重要的金融行业，也渐渐开始了自己的互联网转型之路，互联网金融的概念也就应运而生。

移动互联网对于传统行业的影响是巨大的，它既为传统行业提供了发展的动力，也为它们设置了重重的考验。在几年前，移动互联网改造了当时的社交通讯行业，而后有改变了新闻资讯和交易娱乐等许多领域，现在移动互联网则开始了对于金融服务的改造。

在互联网时代时，腾讯便已经开始了自己的互联网支付业务，其所构建的财付通支付平台经过了十多年的发展，为今天腾讯涉足互联网金融领域，提供了重要的经验支持。而在2015年9月，腾讯集团在财付通的基础之上成立了支付基础平台和金融应用线，正式将互联网金融业务纳入集团的战略业务之中。

2014年是互联网金融市场大爆发的一年，腾讯在互联网金融领域的成绩也可圈可点，通过“理财通”，腾讯已经帮助超过2500万用户网上理财，管理的资金量已经达到了数千亿，每天通过微信支付的用户也在飞速增长。但在腾讯的规划之中，腾讯金融并不需要做到“面面俱到”，而是希望在金融行业中的几个核心领域能够打造出几款重量级的产品，保险、理财、互联网证券等领域都是腾讯十分重视的。

腾讯希望能够通过投资和扶持具有创新能力和实践经验的新兴金融企业来完成在这些领域的布局，同时也希望能够与优秀的金融机构合作来共同开发这些领域的互联网金融市场。也正是在这种原因的驱动下，才会有了一年之内三次的“三马”聚首。

“三马”指的是腾讯集团董事会主席兼CEO马化腾，阿里集团创始人马云，中国平安保险股份有限公司董事长兼CEO马明哲。在2013年到2014年期间，三家集团纷纷合力投资互联网金融领域，引起了行业间的关注，也让互联网金融的热度又增加了许多，本是竞争对手的三家企业，在互联网金融领域屡次携手，显示出互联网金融的商业模式趋向成熟。

2013年11月，腾讯、阿里巴巴联手中国平安成立了众安在线财产保险公司，其中阿里巴巴持股19.9%，成为第一大股东，中国平安和腾讯集团分别以15%的持股比例并列成为第二大股东。众安保险可以看作是互联网行业向传统金融业务渗透的典型例子，同时这也是“三马”之间的第一次聚首。

众安在线财产保险公司的业务主要分为电子商务、移动支付和互联网信用保证保险等几大方面。在2014年间，众安公司的战绩，既有“双11”当天的当天保单量过亿的荣光，又有每亿元保费投诉量超同行业近15倍的尴尬，在这一年中，众安保险始终是互联网金融领域的焦点，它的出现也对传统的保险行业带来了一次巨大的冲击。而“三马”的首次聚首，只能说是喜忧参半。

2014年11月18日，停牌2个多月的华谊兄弟传媒股份有限公司发布公告称将于11月19日复牌。在公告中，华谊兄弟通过向杭州阿里创业投资有限公司、平安资产管理有限公司、深圳市腾讯计算机系统有限公司与中信建投证券股份有限公司非公开发行A股股票共计144，985，904股。其中，腾讯和阿里都将持有华谊兄弟8.08%的股份，并列成为公司第二大股东，平安资管则以1.98%的股份成为公司的第三大股东。

这是“三马”之间的第二次聚首，合作的领域从互联网金融转移到了娱乐产业。可以说在这次合作之中，受益最大的是华谊兄弟集团，通过主动迎接互联网企业入驻，扩大了自己获得信息内容的渠道，凭借着腾讯和阿里的渠道优势，华谊省去了自建渠道的时间和资金消耗，对于自身娱乐产业的互联网化是极为有益的。而从投资者这边看来，这次投资可以说是三家公司在互联网金融领域之外的另一种合作，在不断整合自身资源的同时，为三者下一次合作打下基础。

仅仅半个月之后，中国平安发布公告，定向增发5.94亿股H股股票，在公告中称，此次发行的对象不超过10名，却并没有披露具体投资者的细节。但很快市场就传出了腾讯董事局主席兼CEO马化腾、阿里巴巴董事局主席马云参加了这次定向增发，所以这一次的“三马”聚首，也成为继众安保险、入股华谊之后的“三马”之间的第三次聚首。

中国平安表示这一次定增的资金将用于补充资本金和营运资金，发展主营业务上，同时也会为互联网金融业务的布局提前做好资本规划。对于腾讯和阿里来说，用户流量的增长关乎着企业未来业绩的好坏，选择与中国平安合作，有利于未来的大数据进入传统金融领域之中，同时通过在互联网金融方面的合作，也能够为客户提供更为全面的金融服务。

腾讯通过自身的社交平台，拥有着庞大的用户基数，这对于发展互联网金融业务是一个先天的优势。而选择与阿里集团和中国平安合作，无疑是为自己增添了更多成功的砝码。虽然腾讯和阿里在很多方面都有着竞争

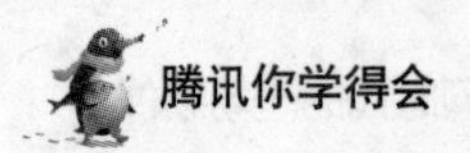


关系，但在互联网这片江湖之中，没有永远的朋友，也不会有永远的对手，当合作能够让双方获得双赢时，任何人都会选择合作。

在马化腾看来，虽然在互联网金融领域的机会越来越多，但仍然需要不断地与其他企业合作，他认为“术业有专攻”，腾讯的长处在于社交平台的庞大用户技术，但在线下的资源整合，以及金融领域的实际经验还是有所欠缺的，所以合作是腾讯发展互联网金融的最优选择。只有在合作之中，充分发挥双方的长处和优势，才能取得最后的双赢局面。

除了对外合作之外，腾讯自身也有着强大的金融基础，除了财付通之外，微信支付、腾讯理财通、腾讯金融云、微众银行，这些都是腾讯在互联网金融领域不断探索的结果。也正是拥有了这么多优秀的互联网金融产品，腾讯才能够在不断地市场实践之中，获得更多的互联网金融行业的实战经验，从而打造出更多的互联网金融产品。

在互联网金融领域，腾讯希望能够成为连接其他金融企业之间的“连接器”，通过打造一个互联网金融共享平台，对外提供自身先进的金融云技术和大数据能力，让更多的金融企业可以在互联网金融领域中获得生存和发展，从而也提高腾讯自身在互联网金融领域的竞争能力，最终达到资源共享、互利共赢的局面。

**腾讯便签：**

资源共享、互利共赢是最良好的市场发展趋势，即使是对手，如果能够达到共赢，合作也是未尝不可的。在互联网的世界中，许多业务领域之间的界限已经消失，但这并不意味着每个企业都可以通过跨行业的发展而获得成功，“术业有专攻”，合作共赢、优势互补才是取得成功的最快途径。

## 与余额宝抗衡的微信理财通

在“互联网 +”战略的指导下，互联网与传统行业的结合越来越紧密，而互联网金融则成为众多互联网企业争夺的目标。互联网金融领域所涉及的范围十分庞大，这对于互联网企业的布局是一件十分困难的事情，所以许多互联网企业纷纷在几个核心领域开发拳头产品，力求在互联网金融领域博得一席之地。

互联网理财产品成为各大互联网企业争夺的对象，当下最为火热的互联网理财产品非“余额宝”莫属，虽然外界对于余额宝的评价褒贬不一，但再多的批评也无法掩饰其投资额超过 5000 亿元的事实。同样在市场之中，其他的互联网企业也推出了自己的理财产品，比如苏宁的“零钱宝”、天天基金网的“活期宝”，而其中最具代表性，并且能够与“余额宝”一较高下的，就属另外两家互联网巨头腾讯和百度的理财产品“理财通”和“百发”了。而腾讯所推出的微信理财通，无论在使用方式还是操作模式上都与“余额宝”相类似，可以说现在的互联网金融理财产品市场上，正在上演的正是“余额宝”和微信理财通的战争。

马化腾曾表示：“互联网金融有着很大的市场潜力，腾讯内部还在积极探索不同的形式，目前腾讯互联网金融业务，除了互联网贷款外，最为重要的一块就是互联网理财。”对于在互联网理财领域，腾讯的探索是基于其早期的财付通产品，并逐渐完善为腾讯的理财通产品。

谈到选择货币基金作为腾讯“理财通”的首要业务产品，腾讯集团副总裁、支付基础平台和金融应用线负责人赖智明曾说：“腾讯‘理财通’并不是单一的服务提供方，而是一个开放的平台。但这种开放的平台不是超市，并非良莠不齐、毫无把关地让所有供应商都上来。我们最终选择了一种更为稳健，而且更加开放的模式，那就是做货币基金。”

腾讯“理财通”不仅为使用微信和QQ的用户提供便捷的理财服务，同时也为金融行业的合作者提供产品创新、用户资源共享的平台。上线仅仅两年时间，其用户数便已经突破了7000万人，资产的保有量也已经超过了1000亿元。虽然这与“余额宝”之间还有着一定的差距，但从发展的势头上来看，腾讯的“理财通”产品具有广阔的市场空间。

腾讯“理财通”是腾讯在微信平台中联合自己的支付产品财付通推出的理财产品，主要销售的是华夏基金提供的货币基金产品，微信理财通相当于一个货币基金的销售平台，腾讯方面只是通过微信提供平台，而在“理财通”中的产品则是由金融机构所提供的。

用户存入“理财通”中的资金实际上是购买了华夏货币基金，而货币基金的收益会受到利率市场的较大影响，当市场上的钱相对紧张的时候，货币基金收益就会相对较高。“理财通”和“余额宝”一样，它们显示的都是7日年化收益率，这种收益率可供操作的空间是比较大的，即使遭遇了连续几日的低收益，靠单日的高收益也可以将7日的年化收益率拉高。而从正常角度来看市场上的货币基金年化收益一般在4%～5%，而“理财通”的7日年化收益率可以达到6%以上，这也是其受到用户欢迎的主要原因。

腾讯的“理财通”投资门槛比较低，0.1元和1元都可以存入其中。而其单笔限额与各银行限额一致，从1万元到5万元不等。购买“理财通”必须通过手机上的微信客户端来购买，在微信中“我的银行卡”页面中的“银行卡”选项中绑定银行卡并且设置一个用于微信支付的密码。当银行卡绑定成功之后，就可以在微信的“理财通”页面中通过微信支付购买“理财通”之中的理财产品了。而想要赎回的话，同样是在微信中“理财通”的页面直接赎回就可以，同时根据各家银行规定的到账时间到账。

在安全方面，腾讯的“理财通”产品与微信支付挂钩，“理财通”绑定银行卡时输入的密码等信息并不会显示到绑定后的手机之中，用户在支付费用时主要通过输入微信支付密码来完成。腾讯在微信支付安全方面有着多年的经验积累，只要用户不去泄漏自己的微信支付密码，其资金就能够得到有效的保障。同时与“余额宝”一样，腾讯“理财通”也向用户提供安全保障承诺，对于用户资金因平台原因被盗提供 100% 赔付。

作为腾讯抗衡“余额宝”的互联网金融理财产品，腾讯的“理财通”从很多方面上与“余额宝”是相同的。但在具体的功能形态上，二者却并不相同。腾讯理财通是腾讯于 2014 年推出的互联网理财开放平台，经过了一段时间的发展之后，从最初的只有货币基金，发展到拥有定期理财、保险理财、指数基金等不同风险等级的十几种金融产品，同时还连接着基金、保险和证券等众多金融合作伙伴。

马化腾曾说：“财付通是我们后端的牌子，原来在 PC 年代是前端，在移动时代的时候因为 APP 为主，不是网站为主，所以财付通变成后端，它拿了牌照，前端是微信支付和 QQ 钱包，它们后面底层其实全部是财付通，只是在 APP 里面包装成不同的品牌而已，服务不同的用户群。（理财通的）定位还是希望搭一个平台，我们不直接自己做，所以你看微信上的理财通藏得很深，但是这个入口你可以看到这个流量还是相当大的，很多人会关注，所以我们基本的思路就是搭一个平台，让好的理财产品能够进入。”

在马化腾看来，“理财通”是腾讯为其他互联网金融的合作伙伴所搭建的一个平台，通过微信，来为“理财通”中的产品提供更为庞大的用户流量。这正是腾讯的优势所在，也是“理财通”能够逐渐缩小与“余额宝”之间差距的关键因素。

虽然“理财通”已经成功发展到了1000亿量级的规模，具备了平台级的互联网金融服务能力，但在面对6000亿量级规模的“余额宝”时，依然是渺小的，可见“理财通”和“余额宝”之间的差距仍然是巨大的。面对这种情况，腾讯“理财通”开通了最高1000万的网银大额充值渠道，这是为突破银行对于快捷支付的限制，降低大额资金用户的准入门槛所做的准备，同时通过与其他企业合作利用理财产品购房、购车也将对提高“理财通”的规模起到促进作用。

在移动互联网时代的今天，第三方支付已经发展到了最高峰，对于互联网金融市场而言，支付业务已经让互联网巨头们渐渐失去了兴趣。与支付业务相比，金融业务显然有着更高的利润可拿。与阿里巴巴相比，腾讯缺少电商业务这一原有的“短板”，如今在互联网金融市场是似乎得到了补足。依托于微信和QQ庞大的用户基数，腾讯完全有能力与阿里在互联网金融市场之中一较高下，而双方理财产品的较量只是其中的一个方面。

腾讯便签：

想要在市场竞争中获得优胜，就要不断地依靠自身优势扩大与对方的差距。而当看到对手的优势时，避其锋芒，选择“弯道超车”也不失为一个好的选择。在市场竞争中，做好自己永远要比击败对手更具有现实意义，因为对手总是层出不穷，而自己却是独一无二的。

## 马氏新春：微信红包满天飞

谈到创新，很多人便会感到很头痛，他们认为创新离自己太远，并不是自己不想创新，而是创新实在是太艰难了。在许多人的脑海之中，创新就是要颠覆掉旧有的一切传统，不能说这种想法是完全错误的，但在这种想法中却存在着对于创新的误解。很多时候创新并不是一步到位的，很多时候创新也许只是对生活进行了些许的改变，创新其实并不困难，如果仔细观察前人的创新成果我们会发现，创新多是源于生活之中的点点滴滴。

在当今社会，创新涉及我们生活之中的各个领域，技术需要创新、销售需要创新、教育需要创新、管理也需要创新，创新是各行各业不断发展的动力源泉。而在当今的移动互联网时代，市场竞争异常激烈，对于处于互联网市场之中的企业来说，创新已经成为企业生存发展最为关键的因素。没有创新能力的企业，是没有竞争力的企业，在市场竞争之中迟早会被淘汰。所以许多企业都在绞尽脑汁的寻找创新的方法和途径，但结果却往往并不如他们所想。

在我们的固定思维之中，创新就是一个从无到有的过程，只有完成别人没有完成过的事情，才能算是创新。但这只是创新的一种意义，在很多情况下，创新只是将某一领域的知识应用到其他领域之中，从而在其他领域中生长成为一个极具生命力的事物。这一点对于企业创新非常具有借鉴意义，很多企业总是希望能够用一种独特的方法生产出其他企业从未生产出的产品，所以他们总是想要寻找一些类似“独门秘籍”的方法来帮助自己，但很多时候“独门秘籍”是不存在的，能帮助企业创新的往往是生活中的微小细节，而不是什么“独门秘籍”。

自互联网开始普及以来，中国的新年便多了许多互联网的味道，对于互联网企业来说，任何节日都是一次营销宣传的盛会，无论是“双11”，还是“618”，都已经成为互联网用户的盛会，而对于中国人最为重视的新年，互联网企业当然不能缺席了。而自2014年以来，中国的新年迎来了一种新的景象，这一年马年新年，腾讯推出了“微信红包”，掀起了一场全民抢红包的热潮。

2014年春节之前，在深圳腾讯总部大厦的第9、第10层中，一个拥有着10个人的团队，正在开发着一款即将引爆中国社会潮流的新产品——微信红包。

这10个人隶属于腾讯财付通基础产品中心，是其中的核心成员。而微信红包的产生最初只是源于要解决给腾讯内部员工发红包的问题。2014年1月24日，微信红包测试版以极快的速度开始传播，微信红包团队不得不向总部申请，调来了10倍于原计划量的服务器来进行系统扩容，同时加紧完善微信红包的各种细节。

微信红包的玩法非常简单，微信用户可以发送两种红包，一种是“拼手气群红包”，通过用户设定好总金额和红包个数之后，后台系统随机生成不同金额的红包。另外一种则是固定份额的普通红包。

在微信红包的内测阶段，马化腾成了微信红包的第一批体验者，他邀请了一些企业老板测试微信新推出的“抢红包”功能。2014年1月28日，“新年红包”的图标出现在了微信“我的银行卡”界面之中，使用微信的6亿多用户可以直接进入到微信红包页面中开始发红包。

“新年红包”图标首先出现在广州，随后迅速扩展到了全国的主要城市，每开放一个城市，使用微信红包的用户和用户的反馈就会猛增，这一过程对于微信红包团队的成员来说是十分紧张的。

最终，从农历除夕到正月初八这几天时间之中，共有 800 多万国人共领取了 4000 万个红包，覆盖了全国 34 个省级行政单位，平均每个红包中包含了 10 元。在除夕夜当晚参与红包活动的人达到了 482 万，在流量达到峰值的瞬间，每分钟有超过 2.5 万个红包被拆开。

腾讯始终没有对外公布“抢红包”为微信带来了多少新的用户，但不可否认的是腾讯这次创新让自己在一夜之间成为互联网金融市场上最为重要的在线支付服务商。在此后的几年之中，腾讯仍然在不断地完善着微信红包的功能。而每年的新年都是微信红包最好的舞台。

2015 年春节期间，红包大战已经涉及许多互联网巨头，腾讯在依靠微信红包的同时，推出了手机 QQ 红包，阿里也推出了自己的支付宝红包。而最终在出席当天，微信红包收发的综述达到了 10.1 亿个，是去年的 200 倍。而 QQ 红包的收发总量为 6.31 亿个，在小年夜到正月初五期间，QQ 红包收发总量达到了 11.6 亿次。而支付宝截至大年初三，红包总参与人数超过了 1 亿。除夕夜期间，支付宝红包的收发总量超过了 2.4 亿次，总金额达到了 40 亿元。从数据上看腾讯依然占据着领先位置。

微信红包的成功是腾讯锐意创新的重要成果。他们没有一味地去追求创造出一种新的产品，让用户去接受，而是从用户最根本的需求出发，结合自身的技术优势，用最为简单的方法创造出最具新意的业务和功能，从而获得用户的喜爱与支持。这是一种最值得提倡的创新能力，很多时候，创意的灵感往往来源于我们的生活之中。

在产品设计之中，腾讯力求将一切做到最简单，从微信支付开始，腾讯就一直在贯彻着这一产品理念。首先，微信作为一种社交产品，社交功能才是主要的产品定位，支付功能只是其一个分支和延伸的功能。所以简单化可以使微信更好地突出其原有的特点。

而“微信红包”在功能设计上也很好地遵循了简单的原则。随着微信红包功能的不断改进，现在的用户想要给好友发送聊天红包，只需要在点击对话框右侧的“+”号中的红包功能即可，通过输入发送的总金额以及份数，最后还可以选择输入自己的祝福语，通过微信支付输入密码就可以将红包发送给好友了。而用户接收的红包也将直接存入微信零钱之中，用户可以选择通过绑定银行卡来完成充值和提现。

虽然支付宝和微博同样推出了自己的红包活动，但从影响和效果上来看，微信红包明显是更胜一筹的。与支付宝红包相比，微信红包的最大优势在于其所拥有的庞大的微信用户基数。通过微信构筑的强大的社交网络，让微信红包找到了最为适合自己的土壤，通过微信的好友关系使得微信红包不断传播，影响不断扩大。同时微信“抢红包”的活动在好友之中也十分受到欢迎，“抢红包”成为微信好友之间最为火爆的活动。

微信红包的出现让微信支付瞬间完成了对于支付宝的逆袭，有人说：“微信红包在8天的时间内完成了支付宝8年的工作。”虽然略显夸张，但这也正证明了微信红包对于腾讯进军互联网金融市场的重要作用。通过微信红包的发力，微信支付用户首次超过了支付宝的用户，这对微信支付占领互联网金融市场具有重要的意义。

腾讯便签：

创新的力量是无穷的，创新并不高深莫测，很多时候它只是生活中微小细节的升华。企业找准自己的目标受众需求，并创造性地解决用户需求的过程便是创新。

<<< 第四章

# 腾讯时代，得粉丝者得天下

# “粉丝经济”中的“长尾营销”

“粉丝”指的是对于一些运动、明星、产品的热心支持者和追随者。随着我国娱乐事业的不断发展，“粉丝”开始呈现出一种爆发式的发展，渐渐地，单一的“粉丝”开始结成粉丝群，个人化的社会活动开始发展成为了群体性的组织活动。随着大众文化的商品化速度加剧，这种发展成熟的“粉丝文化”开始渐渐地成为一种社会经济的潮流，而在这种潮流之中，“粉丝经济”便应运而生。

“粉丝经济”是一种架构在“粉丝”和被关注者关系之上的营利性运作行为，是一种通过不断提升用户黏性，同时通过口碑营销的方式来获得经济利益的商业化运作模式。最初被“粉丝”关注的对象多是一些影视明星、选秀偶像和社会名人。而随着互联网经济的介入，“粉丝”开始呈现出一种“爱屋及乌”的倾向，于是“粉丝经济”便开始广泛地出现于文化娱乐、产品销售、个性服务等多领域中。

现在的企业竞争归根结底是对于用户的竞争，谁能够将市场之中的用户纳入到自己的产品框架之中，谁就能够掌握市场的主动权，同时获得更高的经济效益。而将自己的产品用户转化为自身的品牌的“粉丝”，则是企业最终追求的目标，因为相对于普通的产品用户而言，“粉丝”的购买力会更大一些。

而为了更好地吸引“粉丝”的关注，企业需要拿出企业市场竞争对手所没有的优势产品，只有让用户真正看到产品的优越性，才能够获得用户的青睐，从而打造属于自己的品牌“粉丝”。但很多时候，企业往往会陷入一个误区，那就是唯“粉丝”论的发展观。

我们知道满足用户的需求是企业在产品生产中十分重视的环节，而许多企业在这一方面似乎用力过猛，从而出现了偏执于市场中的用户需求，忽视企业自身的产品优势的情况。在看到市场之中，某一类型的产品或是某一领域受到用户追捧时，企业便不顾自身的实际情况，毅然投身其中，最终在与在这一领域具有先天优势的企业的竞争中，败下阵来。这便是典型的企业发展布局的误区。

当看到别人赚钱时，自己也希望从中获得一部分好处，从而忽略了自身的实际情况，无视了已经无比激烈的市场竞争环境。所以到企业真正进入其中之中，面对对手的疯狂竞争，面对具有先天优势的企业的挤压，自然会败下阵来。这些企业在市场的布局营销时，忽略了一个重要的市场经济理论——“长尾理论”。

这一经济学中的名词是由美国人克里斯·安德森提出来的。他认为，由于成本和效率等因素，当产品储存流通展示的场地和渠道足够宽广，商品生产成本急剧下降到个人都可以进行生产，同时商品的销售成本急剧降低时，几乎任何以前看上去需求极低的产品，只要有人去卖，就会有人来买，这些需求和销量原本不高的产品所共同占据的市场份额，甚至可以和主流产品所占据的市场份额相比较。

“长尾理论”对于企业的经营发展具有重要的作用，无论企业处于什么样的发展水平，这一理论都具有很好的指导意义。对于还未发展成熟的企业来说，避免与巨头企业在其强势领域中的竞争，选择更为广阔的具有潜力的次级市场发展，虽然在单个市场之中的地位会低于强势市场，但多个弱势的市场同时发力，便会最终在收益之上取得胜利。而这同样对于已经发展成熟的巨头企业具有重要的指导作用，即使自身在某一特定的市场领域中占据主导地位，也要时刻关注着其他市场领域的动向，而在布局时，除了在强势的市场领域中继续深入外，还要努力开拓其他市场的资源。

2011 年，腾讯公司副总裁程武在中国动画电影发展高峰论坛上提出了通过以 IP 为核心的“泛娱乐”构思。

2012 年，在“UP2012 腾讯游戏年度发布会”上，程武正式宣布推出腾讯“泛娱乐”战略，这时腾讯的“泛娱乐”战略在内容上为：以 IP 授权为轴心、以游戏运营和网络平台为基础的跨领域、多平台的商业拓展模式。

2013 年，腾讯互娱将“腾讯动漫发行平台”升级为“腾讯动漫平台”，同年，腾讯收购盛大文学，成立“腾讯文学”。至此，腾讯互娱旗下除了腾讯游戏外，又增加了两个实体业务平台。

2014 年，在“UP2014 腾讯互娱年度发布会”上，程武对腾讯的“泛娱乐”战略做了全新的阐述。新的腾讯“泛娱乐”战略是：基于互联网与移动互联网的多领域共生，打造明星 IP 的粉丝经济。同年，腾讯互娱正式推出自己的第四个业务平台“腾讯电影 +”。

腾讯“泛娱乐”战略是在“互联网 +”和文化创意产业相融合之下产生的。基于不同类型的文化产品，在互联网的大背景之下相互融和，将游戏、文学、动漫、影视和音乐等文化艺术产业相结合，从而打造出同一个明星 IP，构建出一个新的 IP 生态。

腾讯“泛娱乐”战略主要针对 90 或 95 后的新生消费者群体，这一群体的消费者消费能力强，消费观念也更为开放，对于文化娱乐产业有着特殊的精神需求，这些年轻的受众群体也最容易转化为固定的“粉丝”群体。

明星 IP 是“泛娱乐”战略的主要内核，它需要具备巨大的影响力，以及强大的市场号召力，通过连接电影、游戏、小说、漫画等文化产品，为腾讯的“泛娱乐”产业打下坚实的基础。腾讯希望通过明星 IP 所创造出的各种形象来吸引“粉丝”的注意力，让“粉丝”为这一明星 IP 来买单，这也是腾讯“粉丝经济”的核心所在。

腾讯的“泛娱乐”战略正是践行“长尾营销理论”，大力发展“粉丝经济”的重要表现。腾讯最初并没有大面积地布局文化产业，最早的腾讯除了即时通讯业务之外，在网络游戏领域开展了大范围的探索。随着腾讯游戏的不断发展，到 2011 年时就已经成为当时国内最大的网络游戏社区之一。腾讯游戏拥有着休闲游戏、网络游戏、桌面游戏、对战平台等许多种类的游戏。

在不断发掘游戏 IP 的同时，腾讯游戏积累了大量的“粉丝”，这也使得腾讯在游戏领域的营收逐年增长，最终占据了腾讯总营收的一半左右。但腾讯并没有一味地固守在游戏领域，因为它知道，文化产业包含着众多领域的内容，虽然它们还没有在互联网市场之中找到适合的发展方向，但总有一天其他领域的内容也会像游戏领域一样受到市场的关注。与其将机会留给别人，不如自己去动手布局。正是出于这样的考虑，腾讯才提出了“泛娱乐”这一概念。

通过游戏业务的支撑，大力发展影视、音乐、动漫、文学等其他业务领域，将腾讯游戏的“粉丝”优势扩展到其他业务领域之中，从而进一步增加用户对于腾讯产品的忠实度。同时也能构筑一个庞大的文化娱乐产业帝国，这是腾讯的最终目标，而牢牢地抓住现有的“粉丝”，大力发展“新粉丝”则成为腾讯制霸互联网文化娱乐产业的关键。

腾讯便签：

将某一领域的优势转化为其他领域的发展动力，抓住市场经济中的“长尾”，通过不断地完善自身的战略布局，来逐步扩大自己的“粉丝群体”，当然，想要依靠“粉丝经济”来获利，还是要拥有过硬的产品和技术实力的。

## 无粉丝，不品牌

在一个企业发展的任何阶段，品牌都是企业最为重视的因素。而品牌的知名度、美誉度和忠诚度也成为各企业之间竞争高下的关键因素。而这三者之间并不存在着先后关系，对于一个品牌来说这三者都是十分重要的。但在实际的市场环境之中，许多企业在拓展品牌时所选择的发展角度却是各不相同的。

在互联网刚刚普及之时，互联网经济逐步兴起，当时的企业在打造自身品牌时，多是从知名度的角度出发，通过广告轰炸和媒体宣传等方式，增加自身品牌的曝光度，可以说在当时互联网经济还未发展成熟之时，这种方法虽然会消耗大量的财力，但却并不失为一个扩大品牌影响的方法。

但随着互联网经济逐渐走向成熟，用户的消费意识得到了很大的提高。在这一时代，想要单纯地依靠广告宣传来扩大品牌影响力的方法已经不再适用了。在那时的市场环境中，用户已经成为市场中最为重要的因素，所以只有满足用户需求的产品才能够生存发展下去，最终成为一种品牌。

而到了移动互联网时代的今天，用户依然是市场的主体，但企业要做的却并不仅仅是去满足用户的需要了，在很多时候，企业想要获得成功，就需要去创造用户的需要，从而引导用户的消费需求。这种方式也可以被称作为“制造粉丝”。满足用户需求的产品依然可以在市场之中占据一席之地，而真正占据着市场大部分份额的却是能够引导用户消费的产品。只有这类产品才能获得用户的喜爱，形成一种被用户所推崇的品牌。从而凭借品牌效应带动企业其他产品的推广和销售。

这种通过“粉丝文化”带动企业品牌的方式，最早也是最成功的企业便是苹果了，可以说苹果的每一个产品都成为用户竞相追逐的热销品。而之所以会出现这种情况，与乔布斯的个人魅力以及苹果的高端价值是分不开的。而在中国的手机行业中，雷军的小米科技和罗永浩的锤子科技可以说是其中的佼佼者了。

从小米的发展轨迹可以看出，在产品生产的最初阶段，雷军对小米手机的定位是“高配低价”，通过高性价比的产品来获得美誉度。而随着在接下来的销售阶段，雷军并没有通过“烧钱”来为小米手机扩大知名度，反而将重点放在了培养小米手机用户的忠诚度上。小米利用微博和各种社区论坛来维系产品的核心用户，从而赢得了大量的忠实粉丝。

可以说雷军所运营的并不仅仅是一个手机，而是整个的粉丝社群，通过“小米为发烧而生”的口号，将手机发烧友聚集到一起，从而吸引了数以百万的忠实粉丝。而后根据粉丝社群的反馈，来重构小米的产品定位、研发推广、影响宣传和售后服务等各个环节。通过米粉节等线上线下相结合的活动，调动更多的用户加入到小米的粉丝社群之中，实际上这一过程就是小米品牌知名度上升的过程。

相较于小米手机的火爆，锤子手机似乎并没有成为爆款，但这却丝毫无法阻止罗永浩老师暴涨的粉丝数量。与雷军相比，罗永浩的个人魅力似乎更为突出一些。技术出身的雷军要做手机获得成功似乎还在情理之中，但英语教师出身的罗永浩做手机，并且成为手机市场之中的一匹黑马，这一点就十分有趣。

熟悉罗永浩老师的人应该都知道，罗永浩老师的个人粉丝要远多于锤子手机的粉丝数量，罗永浩老师手机发布会的精彩程度也要远超于相声表演的精彩程度。通过充满魅力的个人演讲以及睿智犀利的大脑，罗永浩老师获得了众多忠实粉丝的追捧，正是因为认可罗永浩，才会认可锤子手机这一品牌，无论罗永浩生产什么产品，都会有人去买票听演讲，这也许是每个锤子粉丝的心声。

可以说通过粉丝的力量来扩大企业的品牌影响力已经成为现阶段企业品牌发展的重要手段。如果把一个明星的走红当成是一个品牌的成功的话，那么粉丝对于明星品牌的支持力度，在很大程度上决定了这一品牌是否可以走红。在这一方面，腾讯便很好地抓住了“粉丝—明星—品牌”之间的关系，通过将品牌与明星捆绑，利用粉丝的力量来完成对于品牌的宣传与塑造。

近几年来，腾讯视频开展了一系列围绕着粉丝与明星之间互动的活动，为自己赢得了大量的关注和品牌知名度。在腾讯视频定制的明星粉丝互动综艺节目《带你去看TA》中，腾讯邀请了当时受到粉丝火热追捧的《古剑奇谭》剧组的李易峰、杨幂、陈伟霆、马天宇等人参与录制节目，同时引进了弹幕发送的方式增加与粉丝的互动。这种方式极大地提高了粉丝的参与度，弹幕互动数据的峰值，甚至达到了一小时之内 5 万条以上。

而之后推出的李易峰在腾讯视频上的个人演唱会更是获得了巨大的成功，这是第一次互动直播的演唱会，粉丝可以在线点播想要听到的曲目，同时也可以为偶像在线送花。这场演唱会共调动了多达 219 万粉丝的参与，而且在新浪微博之中的相关话题的阅读量也超过了 4 亿多次。

除了邀请明星参与表演外，腾讯还进一步挖掘明星身上的附加价值。通过邀请张歆艺、唐嫣、戚薇、陈伟霆等明星作为移动端的推广宣传大使，推出了许多类型的定制版腾讯视频明星主题和皮肤，获得了大量粉丝支持的同时，也进一步增加了产品的用户黏性。

在大力推动“粉丝经济”发展的同时，腾讯视频还进一步开发自身的精品内容，从而为用户提供更多更新的影视资讯。在 2015 年年初，腾讯视频连续 7 周取得了日均覆盖第一的成绩，也成为唯一一个每日超过 5000 万人使用的移动视频客户端。

粉丝对于企业品牌塑造的影响力越来越重要，在了解粉丝潜在需求的基础上，打造出粉丝的专属产品，让粉丝真正地融入企业的品牌塑造之中。通过这种方式让粉丝在企业的品牌之中找到归属感，从而为企业的品牌买单，并主动加入到企业品牌宣传的行列之中。可以说这是未来几年内企业品牌战略中最为重要的手段。

在移动互联网时代下的今天，原有的“知名度—美誉度—忠诚度”的企业品牌塑造路线已经失去了生命力。一个品牌想要获得发展，必须找出一种适合自己的独特路径来，得粉丝者得天下，只有拥有忠实的粉丝群体，并且与粉丝在情感之上保持长久的维系，企业的品牌才能够得到认可，企业才能够获得更为长远的发展。

腾讯便签：

企业品牌的塑造，归根结底是要得到用户的认可。没有粉丝的品牌是无法生存的，通过合适的战略战术为企业品牌寻找到一个忠实可靠的粉丝群体，对于企业品牌的塑造具有至关重要的作用。

## 从用户角度出发的“粉丝营销”

随着互联网的普及程度越来越深，人们对于互联网的依赖也不断加深。人们原有的社会交际关系已经渐渐转移到了互联网之上，在互联网之中具有相同的兴趣爱好的人开始聚拢到一起。随着互联网技术的进步，粉丝们获得了更多的主动权。他们开始从“被动的信息接受者”向“主动的信息传播者”转化，因为共同的爱好聚集在许多不同的小社群之中，并且通过微博、微信等社交平台，互相传递消息、交流情感，从而在心理上找到自己的归宿。

相比于“超级女声”时代的粉丝，现在的粉丝更喜欢进行群体性的活动，而随着粉丝行为逐渐成为一种社会中的主流趋势时，“粉丝文化”开始形成了，在这种文化之中，通过粉丝这一身份，许多人找到了以前从未有过的归属感和成就感，从而更加主动地融入群体中，发挥着个体的价值。而粉丝群体的出现也为众多企业带来了一种新的可以追求的市场运营模式，在此模式的基础上“粉丝经济”便应运而生。

对于企业来说，用户是企业最为核心的目标主体，而分析用户行为则是企业在产品生产之中必不可少的环节。明确了用户的行为习惯，对于企业的市场推广和营销是十分重要的。企业可以针对不同的用户推出具有不同功能特色的产品，从而在市场之中获得经济利益。

粉丝群体的出现，为企业的用户行为研究提供了新的研究对象。而粉丝群体自身所具有的特点，也决定了这一群体对于企业产品推广的重要作用。新时代的粉丝群体多是一些90后的年轻人，他们兴趣爱好广泛，购买力强，并且对于互联网的接受程度较高，对于新鲜事物的接受能力也较普通用户要强。这就为企业的产品推广提供了良好的条件，因此互联网企业掀起了一轮轮的粉丝营销活动。

虽然粉丝营销相对于对普通用户的营销在效果上要更好，但企业在实际的营销活动中还是需要从产品和用户等多种角度去制定自己的营销计划。毕竟粉丝也是用户，所以从用户的体验出发依然是企业首先需要考虑的问题。抓住粉丝群体的共同需求，结合自身产品的特性，从而制定出适合自己的营销计划，是企业进行粉丝营销成败的关键因素。

腾讯的粉丝营销之路早在2011年便已经开始了，在当年4月，腾讯启动了“泛娱乐”战略，到了2012年3月腾讯宣布推出以“IP授权为轴心、以游戏运营为基础进行的跨领域、跨平台的全新商业模式”。正是从这时起，腾讯开始了自己的粉丝营销之路。在随后的几年时间里，腾讯先后完成了动漫平台和电影平台的搭建，到了2014年，腾讯正式推出了“腾讯互动娱乐”这一主体品牌，并将游戏、动漫、文学纷纷纳入到腾讯互娱旗下。与此同时，腾讯的“Fun营销”互动营销平台也正式上线。

在腾讯的互娱品牌之下，腾讯聚集了包括游戏、文学、动漫、电影等多个领域的优质内容，并聚集了大量的忠实粉丝。这为腾讯的粉丝营销提供了坚实的基础，在此基础之上腾讯开始了自己“激活粉丝”的计划，也就是腾讯的“明星IP”战略。

《洛克王国》是腾讯专门推出的一款儿童类游戏，2010年上线以来，有将近2亿用户注册，其中最高同时在线用户数达到了80万，成为我国最大的在线儿童社区。在腾讯“泛娱乐”战略的指导下，《洛克王国》这一“明星IP”不断被其他领域所引用，走出了一条从游戏到图书、电影，再到话剧、动画的发展道路，这为腾讯带来了巨大的经济效益，更为腾讯带来一条成功的粉丝营销之路。

《洛克王国》作为腾讯的“明星IP”，如果只从游戏领域发展的话，那么可能用不了几年时间，就会被新出现的游戏所替代。但腾讯的“泛娱乐”战略将《洛克王国》引入到了电影、动漫等其他领域之中，在吸引儿童的同时，将孩子的父母也纳入其中，相对于让孩子单独玩游戏，父母更希望可以和孩子一起去看动漫、看电影。在这种情况下，腾讯的“泛娱乐”战略发挥了作用，不仅维持了原有的儿童粉丝，更是将孩子的家长也吸引了进来，这正是“明星IP”在粉丝营销中的巨大作用。

同样因为粉丝营销而获得成功的游戏是《英雄联盟》。在最初腾讯代理《英雄联盟》时，市场上存在着许多同类型的产品，并且质量并不比《英雄联盟》低，因此外界并不看好腾讯代理的这一款游戏。但腾讯通过先向崇尚竞技的游戏核心玩家、职业游戏战队和游戏媒体记者开发体验资格，然后通过这些意见领袖的正面引导，使得《英雄联盟》在市场之中获得了极佳的口碑。很快“朋友带朋友”的口碑传播开始形成，最终使得《英雄联盟》的玩家数量呈现暴涨之势。

粉丝经济所蕴含的商业价值是巨大的，这也正是企业纷纷开展粉丝营销的主要原因。而粉丝作为企业产品的用户，虽然会受到营销宣传的影响，但最终需要的还是产品的实用功能。所以对于企业来说，粉丝营销的基础是自身过硬的产品实力，只有将自己的产品做好，才能够获得忠实粉丝的用户，从而不断地通过营销宣传来扩大自己的粉丝数量，最终获得更为广阔的市场。

雷军的小米就是“粉丝经济”中的成功者，许多人认为小米的成功来源于其出色的“饥饿营销”以及“高配低价”战略，但仅仅通过这种方式不会创造出小米的奇迹，更不会吸引到众多忠实的“米粉”们。小米抓住了粉丝们的需求，并且在与粉丝的不断互动之中，将粉丝反馈的信息加入到新产品中，从而创造出受到更多用户喜爱的产品。可以说在这一过程之中，小米就已经完成了自己的粉丝营销活动。

腾讯便签：

腾讯的“粉丝营销”战略建立在自身强大的明星IP基础上，通过不断完善产品的内涵，来吸引更多的粉丝，从而获得更多的市场份额。将用户的体验放在首位，是“粉丝营销”成功的最基本条件。

# 腾讯的核心价值观：用户

在互联网时代发展的最初阶段时，往往是企业生产什么产品，用户就购买什么产品。因为生产产品的企业比较少，产品的种类也并不丰富，所以可供用户选择的余地也就不多。但随着经济的不断发展，似乎在一夜之间，市场之中便出现了数不胜数的企业。在不同的战略思想的指导下，它们所生产的产品也千差万别，市场之中的产品增多了，用户可供选择的机会也随之增多。原来的卖方市场已经不复存在，以用户为中心的买方市场正在逐渐形成。

买方市场的出现，使得市场之中企业的竞争越发激烈起来，大多数企业都明白“顾客是上帝”这个道理，所以谁的产品更能够满足用户的需求，谁就能够在市场竞争中战胜对手，获得更多的利益。

早在20世纪80年代，西方企业已经注意到了用户在企业市场竞争中的重要作用。当时在西方的市场竞争中，同行业间的竞争非常激烈，正是在这种激烈的竞争之中，市场环境也随之发生了改变，这就使得许多企业在经营思想上面发生了改变。从原有的紧盯着竞争对手，开始慢慢转向了依靠用户来获得竞争优势。

企业经营者都知道，拥有了用户就拥有了一切，失去了用户也就会失去一切，所以许多企业将自己的经营策略逐渐转向了满足用户需求，提高用户体验的方向上来。这一点在我国的互联网企业中十分常见，在移动互联网时代的今天，许多企业纷纷将目光固定在了用户身上，得用户者得天下，成为企业间的共识。即使是拥有庞大的用户群体的腾讯帝国，依然在不断地研究和发掘用户的需求和体验。

互联网产品的用户界面可以说是用户了解产品的重要窗口，好的用户界面往往会留给用户更好的使用体验。在2003年，腾讯开始为QQ设计专属的用户界面，这对于QQ的发展可以说是至关重要的一步，也正是在此时起，QQ在用户的心目中开始呈现出不同于其他即时通讯软件的形象。

而在这之后，腾讯的设计团队又分别进行了QQgame、TT、RTX等产品的用户界面设计，这让腾讯产品的整体面貌焕然一新，而更多的用户也开始感受到了腾讯独特的一面。在2006年6月，腾讯成立了用户研究与体验设计中心，设计中心的核心成员都来自腾讯内部的设计团队，他们被赋予了一项新的任务——“根据用户体验，进行设计研究”。

在腾讯的企业理念之中，“以用户价值为依归”是最为重要的一点，在腾讯的理念之中，“用户”拥有至高无上的地位，腾讯的每一种产品、每一项服务都需要遵循这一价值原则。而腾讯的互联网产品的用户界面更是用户所接触的产品的第一介质，所以在以用户为中心的经营理念之下，腾讯产品的设计理念就注定了也要以用户为中心。而腾讯成立用户研究与体验中心，正是要通过用户研究来为产品的设计提供数据和实践信息，从而将用户的真实反映传递给设计团队，最终在每一次的产品更新中为产品注入新的用户需求。

单纯的用户界面设计所涉及的多是技术领域的问题，而腾讯所提倡的体验设计则包含了更多的内容，像功能设计、交互设计、视觉设计、可用性测试等这些方面都包括在体验设计之中。在设计产品的功能时，需要产品经理、设计师和开发人员共同完成。而在产品的交互方面，则会交给不同专业的交互设计师，他们会从用户心理、计算机工业设计等多种角度来完成这一方面的设计。而到了可用性测试阶段，则会由整个用户研究团队来负责，通过不断收集和分析用户在使用产品之后的反馈，来及时将信息传递给设计团队。

当腾讯的产品进入开发测试阶段之后，马化腾总是会第一个参与到测试体验中，作为第一个体验者，马化腾会提出许多自己在使用过程中遇到的问题，然后要求其他高管也加入其中多测试、多体验、多提问题。

随着人们生活水平的不断提高，人们的消费观念也发生了重大的改变，在满足最为根本的物质需求之后，许多人开始追求更为高层次的精神享受，亦即追求一种个人的精神体验，因此有专家表示，这正是体验经济到来的重要标志。也正因如此，许多企业才将自身的发展战略定位在用户体验之上。

研究用户体验对于一个企业来说具有十分重要的意义。由于用户群体在个体之间存在极大的差异，所以想要满足所有用户的需求，就需要将不同用户的不同需求区别开来，从而为产品增加更多的设计和功能。对于一个手机企业来说，它需要针对不同的用户推出不同种类的手机产品，针对老人群体的老人机，针对商务人士的商务机，针对年轻群体的发烧机。只有找准了不同用户的不同需求，企业的产品才能受到用户的认可，才能够在市场之中获得利益。

在现在的市场竞争中，仅仅依靠产品的质量是难以获得成功的，只有比其他的竞争者更好地抓住用户，才能够依靠用户的优势，在市场竞争之中获胜。通过对于用户群体的分析，可以使企业寻找到许多有价值的用户，而长久地保留这些有价值的用户，则会帮助企业提高自身的盈利能力。

腾讯正是因为始终坚持着“以用户价值为依归”的企业经营理念，才一步步发展成为今天这样的庞大帝国。即使失去的了如此高的成就，腾讯依然没有放弃以用户为中心的企业核心价值观。随着社会经济水平的进一步发展，市场经济环境仍然会发生改变，市场竞争也会更加激烈，而用户的需求也会随之发生改变，这时只有能够不断与时俱进，不断满足用户需求的企业才能长盛不衰。

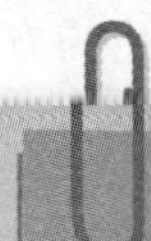

腾讯便签：

用户是企业利润的主要来源，也是企业参与市场竞争的基础，对于企业的生存和发展具有至关重要的作用。只有坚持以用户为核心的企业价值观，才能促进企业不断发展壮大。企业与用户之间有着密不可分的关系。

## 坚持用户第一的理念，把客户经营成用户

企业生产产品的最终目的是获得经济利益，而在选择自己所生产的产品之前，企业需要最先考虑的就是这种产品的市场需求。而在这一点上，用户成为企业最为核心的价值观。满足用户的需求是企业产品生产需要遵循

的重要原则，也是企业产品在市场之中获得成功的重要保障。一个企业如果生产出了一种能够满足用户需求，市场之中又没有其他对手竞争的产品，那么这一产品将会占据大部分市场份额，为企业带来大量的经济效益。

所以对于一个企业来说，在进入市场之前，它们首先需要考虑的不是生产什么产品，而是要考虑用户需要什么产品。对此，哈佛大学教授西奥多·莱维特曾经给出过一个很好的比喻，他说："顾客想要的并不是一个四分之一英寸的钻孔机，而是想要一个四分之一英寸的孔。四分之一英寸的钻孔机可能只有一种或一个，但是能够弄出一个四分之一英寸的孔的方式会有很多种。"对于企业来说，想要满足用户"想要一个四分之一英寸的孔"的需求，并不一定要为用户提供一个能够打出四分之一英寸的孔的钻孔机，企业也可以选择生产别的产品，只要能够满足用户"打孔"的需求就可以。

而上面提到的这种用户需求，可能在 10 家企业之中会有 9 家企业生产了各种样式的钻孔机，而另外 1 家企业生产了一种另类的钻孔工具，这种工具只能钻出四分之一英寸的孔来，但在价格和质量上要比其他 9 家企业的产品要好。因为用户的需求只是要钻出一个四分之一英寸的孔，所以其他 9 家的工具对于用户来说是多余的。

在很多时候，许多企业总是将自己的产品思维强加在用户身上，它们认为的多功能的钻孔机用途会更广，但却没有考虑到用户需要的只是一个四分之一英寸的孔。企业在生产产品的时候，不是在满足自己的需要，而是在满足用户的需要，企业的最终目的是要将产品卖给用户，而不是卖给自己，无法打动用户的心，即使再优秀的产品也不会拥有市场。

而许多企业之所以能够做大做强，最为主要的原因就是在于在企业发展的最初阶段，就始终坚持着以用户价值为依归的经营理念。腾讯从单一的即时通讯软件生产商发展到如今横跨多个行业领域的商业帝国，其所走的每一步都是紧跟着用户的需求，它的每一个产品都是在不断满足用户需求的基础上取得的成功，这一点是值得许多企业所学习和借鉴的。

腾讯的QQ邮箱业务在最初发展得并不顺利，在与其他电子邮箱的较量中总是落于下风，更是被这一领域中的佼佼者网易甩在了身后。但马化腾并不打算放弃这一业务板块，他知道电子邮箱业务在市场中具有很大的发展空间，而且对于用户而言也是十分必要的一个产品。而QQ邮箱在前期之所以失败，最主要的原因是在于对用户的使用体验缺乏深入的了解，于是马化腾将张小龙团队全数召集到腾讯的麾下，希望能够在电子邮箱领域重新站起来。

在张小龙的Foxmail被腾讯全资收购时，马化腾曾说："Foxmail的体验做得特别好，我们自己也在做，发现怎么做都做不好。"马化腾将重振QQ邮箱的重任交给了张小龙团队，他相信在张小龙等人的努力下，QQ邮箱也能够成为一个时刻注重用户体验的产品。

当张小龙带着不到20人的团队接手QQ邮箱时，QQ邮箱的前景并不明朗，每天几万人的访问量，公司内部已经没有人去负责QQ邮箱的运营工作了。在刚刚接手QQ邮箱时，QQ邮箱就像一个及复杂又沉重的包袱，里面夹杂着许多"乱七八糟"的东西，单单想要去理清这些东西就十分麻烦，更不要说去关注它的体验了，所以在最初的一两年之间，张小龙的QQ邮箱并没有得到多大起色。

到了2006年，张小龙发现继续拆解这个繁复的物件已经没有意义了，所以他果断放弃了原有的发展路线，彻底改变了工作的风格。这一次他亲自回到工作一线，推翻了原有的繁复路线，他要做一个极简、轻便、更加注重用户体验的QQ邮箱。

其中考虑到许多用户在传输大文件时的不便，QQ邮箱一改其他邮箱只能够发送5M左右附件的功能，将QQ邮箱的附件容量扩大到了1G，这一小小的改变对于用户的影响是十分巨大的。可以想象在办公室办公的白领在需要传输大文件时，简单的一个邮箱操作就可以完成，从5M到1G的跨越，这其中我们不知道有着多高的技术难度，但对于一个使用者来说，这绝对可以算是一项具有重要意义的革新。

同时在QQ邮箱之中还加入了“发送状态查询”的功能，当用户编辑完邮件点击发送之后，很快便会弹出邮件的发送状态，用户便可以看到自己的邮件是否发送到了对方的服务器上，这一功能在电子邮箱之中是没有的，腾讯首创之后，其他邮箱才开始跟进。

还有如“分别发送”功能，也是张小龙团队别出心裁的小创意，当用户将同样的节日贺卡发送个不同的人时，接收到贺卡的人所看到的都是单独发送的状态，用张小龙的话说：“这样的话收到贺卡的人会有一种独享感。”在QQ邮箱之中处处可以看到这种将用户体验放在第一位的产品理念，这也是QQ邮箱能够东山再起，占领电子邮箱领域的重要因素。

这种将用户放在第一位的产品理念始终贯穿于腾讯的所有产品生产线中。以用户的价值为依归也是腾讯的企业宗旨之一，它更是成为腾讯诸多产品必须遵守的制胜法则。微信的火爆也正是将用户体验放在了第一位。张小龙在一次演讲之中曾提到一个故事，在微信已经走入正轨之后，作为腾讯新的社交平台，自然会涉及许多内部宣传的问题，像是腾讯的其他部门需要宣传新产品，希望借助微信平台来帮助宣传。这在张小龙看来是一种违背用户体验的事情，他认为微信的内部必须保持纯净，不能忽视用户在使用微信时的体验，所以他拒绝了许多内部宣传的事务。

对于企业来说，将用户的体验放在第一位，才能够让自己的产品获得用户的认可，才能够在市场竞争中获得胜利。倾听用户的声音，去了解用户的需要，也是企业确定自身市场定位的关键一步。很多情况下，企业会委托调查公司去接触自己的潜在用户，虽然这些调查公司在专业度上没有问题，但他们对于企业的产品以及产品与目标受众的关系却所知不深。只有企业本身才知道自己产品的灵魂，而只有产品的生产者深入到用户中，才能够切实感受到用户的使用体验。很多时候产品的生产者要把自己当做一名普通的用户。

腾讯便签：

在企业生产过程中，将用户体验放在第一位是十分重要的，这样的产品才能够获得用户的支持和喜爱，只有真正从用户的角度出发，才能让更多的产品使用者沉淀为产品的忠实粉丝，从而帮助企业在市场竞争之中击败对手。

## 用细节打败对手，赢得用户支持

天下大事必作于细，天下难事必作于易。

——老子

想要做成一件大事，需要从细节之处做起。想要完成一件难事，也要从容易的事情开始做起。细节虽然微小，但却往往是事物发展的最为关键的阶段，很多时候抓住微小的细节就可以掌控整件事情，从而达到事半功倍的效果。创新源自于对事物细节的挖掘，改动一个很小的细节，便能够产生巨大的效果。

在互联网世界之中，苹果“教父”乔布斯可以说是一个十分注重细节的人，很多人认为正是这种“近乎变态的细节观，才帮助乔布斯一步一步走上了神坛。”在工作中，乔布斯往往为了追求一个细微的效果而对产品在整体上进行调整，对于苹果员工，乔布斯也有着十分严格的细节要求。正是在这种不断追求细节完美的过程中，乔布斯将苹果带向了手机行业的顶峰。

在中国的互联网领域中，许多互联网公司的创始人也十分注重对细节的把控。小米的雷军在解释创新时曾说：“可能很多人对创新的理解都是要颠覆、要石破天惊，但事实上是从小的想法和细节来切入的。”百度的李彦宏则认为：“中国企业在国际化进程中，刚开始更有各种各样的创新，不同企业各自有领先的时间段，但是这种领先很难长期持续下去。而只有在细节上把握，在运营上集中精力去把自己擅长的事情做好，才是真正的核心竞争力。”

正是不断坚持着对于细节的执着，这些互联网企业才在打败了无数的竞争对手之后，取得了辉煌的成绩。在企业的生产过程中，产品生产环节的各种细节，决定着产品在市场中的命运。在互联网市场中，产品的同质化现象十分严重，想要依靠产品取胜，就必须在产品的细节之处下工夫。只有生产出功能更为完善的产品，才能在同质化的市场竞争中取得胜利。

对于这一点，腾讯的产品生产便是一个很值得借鉴的范例。腾讯所推出的产品，大多是在市场之中已经出现过的产品，也正因如此，许多人将腾讯的产品生产称之为山寨抄袭，当然这是在腾讯的产品成功占领市场之后。试想，如果腾讯的产品没有在市场竞争中存活下来，那么在腾讯的头上还会有抄袭和山寨的帽子吗?

而事实是在同类型产品的市场竞争中，腾讯往往都获得了成功，我们没办法去断言腾讯是否进行了抄袭，但我们却可以清楚地看到在腾讯产品中那些闪光的细节，正是这些细节让腾讯的产品虽然在类型上类似于其他产品，但却依然能够在功能和用户体验上更胜一筹。

2010年，移动互联网时代正式到来，许多互联网企业被突如其来的时代交替打了个措手不及，信息交流的载体从传统的PC端移动到了手机端，互联网企业也纷纷开始了自己的转型之路，而产品的质量成为了互联网企业转型成功的重要保障。

腾讯于2011年1月推出了微信，在之后的1年时间内更新了11个版本，平均每个月都会更新一个版本。在保持着快速更新的同时，微信不断吸收着当时先进的技术，新产品的每一个技术环节，都做到极致。正是这种从细微之处入手的做法，让微信开始受到市场用户的关注，随着微信的功能越来越完善，最终越来越多的用户开始使用微信。

微信1.0版本中只有单一的聊天功能；到了1.1版本时，读取手机通讯录功能加入其中；1.2版本微信开始接入腾讯微博；1.3版本多人会话被加入到微信聊天功能之中；2.0版本决定了微信的成功——微信实现了语音对讲功能。

这之后微信的数次版本更新无一不是从细节出发，寻找用户的需求点，从而完成了产品的创新。2.5版本微信引入“查看附近的人”功能，这一功能的加入使得微信的用户数实现了爆发式的增长；3.0版本的漂流瓶和摇一摇功能，让微信的用户数进一步扩大；3.5版本加入了英文界面，微信开始进军海外市场；4.0版本则增加了相册和朋友圈功能，朋友圈的加入让微信开始走向社区化的道路；4.2版本的视频聊天功能，4.3版本的语音搜索功能，4.5版本的多人实时聊天功能，都使得微信作为社交平台的功能不断完善，并且开始向着更多方向发展。

2013 年 4 月微信的海外用户突破了 4000 万，并且以每月 1500 万的数量持续增长。可以说微信的出现让腾讯在移动互联网时代重新找到了一艘航船，腾讯已经从互联网时代 QQ 的一枝独秀发展成为了拥有更多核心产品的重量级“航空母舰”。而正是微信在细节之处的不断优化，才使得它能够在高手云集的市场竞争中脱颖而出，在击败对手的同时，获得了用户的广泛支持。

许多企业在产品生产过程中一味强调产品的创新，而忽视了普通细节对于产品的重要作用。这些企业忽视了创新和细节之间的关系，将二者割裂开来看待，最终往往是创新失败的同时，还失去了对于产品细节的把控。很多时候，从产品的细节入手，会发现产品的内在潜力，而在不断挖掘产品潜力的过程中，创新的灵感自然就会涌现出来，可以说注重细节是创新的第一步，也是创新的基础所在。

细节不仅对创新有着重要的作用，与用户体验也有着密切的关系。用户在选择一件产品的时候，在购买阶段往往注重的是产品的外观和功能，而当用户真正开始使用产品时，产品的使用体验才是用户最为关注的东西。好的体验源于对于产品细节的把控，只有用户亲自使用后才能够感受到产品在细节之处的差异。所以想要获得好的用户口碑，注重细节是十分重要的，企业要做的并不只是将自己的产品销售出去，而是要将自己的品牌信誉传播出去。

腾讯便签：

打败竞争对手的最好方法，就是不断地完善自身产品的细节，从细节之处取胜，才能够为企业赢得更多的忠实用户，这样才能够让企业在越发激烈的市场竞争中生存发展下去。

## “腾讯所有的产品经理，都要做最挑剔的用户”

一个挑剔的用户总是会对市场上的产品提出这样或那样的问题，他们抱怨这个又抱怨那个，即使是功能已经很完善的产品，依然无法逃过他们犀利的目光。对于许多企业来说，遇到挑剔的用户是一件麻烦的事情，很多时候这些用户都是在“鸡蛋里面挑骨头”，他们总是会无中生有地提出各种关于产品的问题，所以许多企业不愿意遇到这样的用户。

许多企业对于用户的抱怨总是会显得惴惴不安，他们不愿意接受用户的抱怨，并且认为这些负面的声音是在为企业制造麻烦。但是很多时候他们却忽略了一个事实，正是因为用户对于企业的产品抱有美好的期待，所以才会对产品提出各种各样的问题，如果一个用户对你的产品没有兴趣，也并不打算去购买你的产品，那么他也不会浪费精力前来抱怨。

但是凡事都会有例外，偏偏也有一些企业就是喜欢这种用户，即使他们对自己的产品指指点点，提出的问题也是五花八门。在这些企业看来，这些似乎毫无根据的问题，很多时候正是自己的产品所缺少的关键内涵，拒绝接受这些抱怨也就意味着放弃了提升产品性能的机会。

接受用户的抱怨并从中找到自身的产品问题，对于一个企业来说是十分重要的。但在另一方面，企业的产品经理如果等到产品已经推广到了市场之中，再去根据用户的评价去寻找产品的问题的话，那么这个产品经理就是一个不称职的产品经理。作为产品经理应该始终处于产品研发的第一线，当一个产品研发成功时，他应该成为第一个接触产品的用户，而且应该是最为挑剔的用户。

“产品经理应该成为最挑剔的用户”，这是腾讯内部对于用户体验研究的重要准则，也是马化腾对于腾讯内部产品经理的最为基本的要求。在马化腾看来，在生产产品的过程中，需要注意的环节是非常多的，除了最基本的用户交互外，流量、用量都需要单独考虑，要将产品做到用户使用得很舒服，并且不断从各种细节之中寻找优化的方法，不断去改善产品的使用体验。

而作为产品经理，需要真正地用心去思考产品，时刻与开发人员保持沟通，不能只是公事公办地完成工作，而应该更有责任心地去做一个产品。马化腾始终将自己看作是一个产品经理，而这一产品经理的角色又决定了他需要时刻从一个用户的角度出发去看待自己公司的产品，而他作为用户的角色又决定了他将会是无数使用腾讯产品的用户之中，最为挑剔的一个。无论是QQ邮箱还是微信，许多腾讯的核心产品都曾接受过这位最为挑剔的用户的严格审核。

在2005年开始，腾讯内部出现了一条新的规定，马化腾要求各业务线上的主管每天都要给他和张志东发送一封反映业务指标数字的邮件。其中内容包括：包月用户的数量、变量以及涨跌情况。马化腾喜欢发邮件，现在他将这种爱好传递了下去。

在马化腾看来，这种数据统计的工作是每天都要做的，作为一线的产品经理需要时刻了解自己的产品运营情况，作为企业的管理者更应该掌握这些情况，如果不去每天查看这些东西的话，最后会错过很多东西。马化腾要求每一条业务线上的负责人都能够把自己当作一名产品经理，对于每一个产品都要去亲身试用和体验，从而找出在产品中存在的问题。

在QQ邮箱的崛起之路上，张小龙团队无疑起到了巨大的作用，正是在不断地体验和使用之中，张小龙发现了QQ邮箱之中存在的问题，于是大胆地在QQ邮箱上动起了“手术刀”。自此开始QQ邮箱的发展开始走上了一个极简化的道路，轻装上阵为QQ邮箱带来了前所未有的快速发展，开发团队基本上每隔两周就会发布一个新的版本，对旧版本的功能进行升级和完善。同时对每一个功能，张小龙都会严格把关，通过亲身体验来检验其是否满足用户的使用需要，是否会为用户带来使用的方便，每一个功能都需要经过张小龙的亲自确认才能上线。

除了张小龙，马化腾和其他腾讯的高管也加入到了产品的体验之中。在QQ邮箱的改造过程中，马化腾与张小龙团队之间来往了1300多份邮件。正是在这种反复试验，不断改进的过程中，腾讯所推出的新版本QQ邮箱在功能上得到了极大的改进，在使用体验上也获得了很大的提高。

在马化腾看来，现在的互联网产品和之前的传统软件的开发已经有了很大的区别，如果说之前的产品是“一锤子买卖”，现在的互联网产品就要给用户带去“无限期延保”的承诺。马化腾表示，腾讯的产品永远都是Beat版本，需要不断地升级更新，可能每两三天就需要更新一个版本。而要不断更新版本，就需要不断地去网站、论坛和各类社区，聆听用户的声音，了解用户对于产品的使用感受，然后将这些得到的信息经过筛选，再补充到现有的产品中。而产品经理在做这些事情之前，首先要做的便是将自己看作是一位最挑剔的用户。

马化腾认为，一个真正优秀的产品经理，不应该总是躲在产品的后面，他需要主动走出来，去寻找、去搜索、去主动接触用户。对此，马化腾说：“有些确实是用户搞错了，有些是我们自己的问题。产品经理心态要很好，希望用户能找出问题我们再解决掉。哪怕再小的问题，解决了也是完成一件大事。有些事情做了，见效很快。产品经理要关注多个方面，经常去看看运营，比如说你的产品慢，用户不关心是你的IDC(互联网数据中心)差还是其他原因，只知道你的速度慢。”只有真正地成为一名用户，才能够找寻到真正的用户体验。

对于产品经理的精力有限问题，马化腾认为很多时候是因为他没有抓住工作的要点，他说：“产品的问题是有限的，我相信如果产品上线的时候你坚持使用三个月，一天发现一个、解决一个，你就会慢慢逼近那个‘很有口碑’的点。不要因为工作没有技术含量就不去做，很多好的产品都是靠这个方法做出来的。这些都不难，关键要坚持，心里一定要想着，这个周末不试，肯定出事，直到一个产品基本成型。”

用户体验并不是一朝一夕就能够研究明白的，只有不断坚持，反复尝试，才能够发现产品的问题所在。产品的问题是有限的，所以不断坚持去完善，是有可能将产品做到完美的。作为产品经理，要拥有比用户更为挑剔的眼光才行。

**腾讯便签：**

做产品就是做用户体验，产品经理的工作并不是围绕着产品转，每一个产品经理都应该成为一名挑剔的用户，加强与用户之间的联系，不断沟通，收集用户信息，从而将产品不断推向完美。

## 提升高端用户的凝聚力

在移动互联网时代的今天，许多产品失去了其物质实体，大多数互联网的产品和服务都是以虚拟的形式存在。失去了物质实体之后，用户也很难分辨出自己所需要的产品究竟是什么。很多时候，用户自身也无法完全解释自己的实际需求，只有当产品真正地应用到这些用户的日常生活之中时，他们对于这种产品和服务才有了一个明确的认识。

这对于互联网企业的产品开发造成了极大的困难，所以互联网产品会比传统的产品更难取得成功。一件产品的成功取决于它能否满足用户的需求，而对于互联网产品而言，用户需求的不确定性，用户群体的复杂性，这些都为互联网产品的推广制造了困难。如何能够抓住整个用户群体的心理，让产品受到大多数用户的喜爱，成为困扰着互联网企业的一大难题。

想要抓住整个用户群体是十分困难的，抱有这种想法的企业，在产品生产阶段会遇到更多的困难。很多时候，抓住用户群体中一部分人的消费心理是相对容易的，而抓住用户群体中的高端用户则会带动整个用户群体的消费热情，从而促进产品的推广和宣传。

在中国的互联网企业中，腾讯向来以产品见长，腾讯始终坚持着以用户价值为依归的企业发展理念，注重对于用户需求的挖掘，不断研究用户体验，这为腾讯的产品推广打下了坚实的基础。而在腾讯的用户研究体系之中，提高高端用户的凝聚力成为腾讯用户观念中最为重要的一点。

其实在腾讯发展的初期，在其用户观念之中，并没有对用户做出区分，这也使得许多人认为腾讯的品牌和产品大多对应着低龄化人群。但在马化腾看来，一个企业的品牌并不是自己定的，它需要靠企业的产品来支撑，而企业的产品需要满足各类用户的需求，只有用户认可了企业的产品，企业的品牌才会有价值。

对于腾讯之前的用户口碑营销，马化腾说："做口碑就要关注高端用户、意见领袖关注的方向。以前，我们的思路是抓大放小，满足大部分用户的需求。但是现在来看，高端用户的感受才是真正可以赢得口碑的"

想要提高高端用户对于企业产品的关注度，不仅需要在产品的基础功能方面做到极致，更需要在一些其他的方面为产品增添不一样的特色。当提到用不同的心态对待高端用户时，马化腾提到："比如允许用户在我们的 QQ 邮箱上使用其他邮箱。此前，我们有自己的考虑，只允许用户使用腾讯的邮箱，这就给一些用户造成了不便，尤其是高端用户。所以我们接纳了其他邮箱，只有这样才能做到真正给用户带来便捷。"相对于普通用户而言，高端用户对于产品有着更为严苛的考核标准，在想法方面，他们也有着许多不同于普通用户的一面。

高端用户希望在产品的使用过程之中，能够有更多的自主性，能够不再受到那些条条框框的束缚。企业无端的为产品设置的各种规则，在高端用户的眼中是一种十分不友好的使用体验。鉴于这种情况，马化腾对于腾讯的产品经理做出了明确的指示，他认为产品经理要关注最最核心的、能够获得用户口碑的战略点。

马化腾希望腾讯的产品经理能够将用户口碑放在产品推广的重要位置上，他说："当用户数量在自动增长时，就不要去打扰用户，否则可能是好心办坏事。这时，我们每做一件事情，每加一个东西都要慎重考虑，要真正地、有建设性地去增加产品口碑。如果失去了用户的口碑，想再将用户拉回来是一件很难的事情。"

2011 年 7 月，腾讯游戏推出高端服务平台心悦俱乐部，心悦俱乐部中的会员将会享受到高品质的私享服务特权和尊贵游戏特权。心悦俱乐部已经开发出了包括心悦·服务、心悦·安全、心悦·游戏等几大特权体系。

腾讯推出心悦服务主要是为了更好地凝聚高端用户，腾讯将心悦服务当作一种产品，通过不断提高服务质量，让更多高端用户加入其中并设计服务内容，不断推出新一代的产品，从而形成一种在用户之间口耳相传的传播。

心悦服务的会员主要以腾讯游戏平台中的高端玩家为主，在解决游戏用户在游戏过程中出现的问题时，心悦服务并不是采取传统的解决方法，而是通过主动地架构起与用户沟通的服务体系，来及时地为用户解决当前的问题，同时也能够更好地预防新问题的发生。将传统的被动方式与现代的主动沟通式服务相结合，从而更好更快地解决用户所遇到的困难和问题，这成为心悦服务所走的一条高端服务运营之路。

在心悦俱乐部的会员体系之中，有着 VIP1、2、3 不同的等级划分，不同等级的会员享受不同的服务特权待遇，在设计这些特权之时，设计人员充分考虑了不同用户的游戏体验。同时在面对不同等级会员时，所采取的服务方法也是有所不同的。在面对 VIP3 等级的大客户群体时，心悦服务在响应速度、处理效率和服务态度上有着更高的水准。通过这种贴心细致的服务来获得高端用户的青睐，成为心悦服务的重要内容。

只有高质量的商品才会受到用户的认可和喜爱，企业想要增强用户的忠诚度，首先需要从产品入手，在不断发掘和收集用户反馈的信息的同时，不断地更新和完善产品的核心功能，创造性地将用户的需求融入产品之中，从而增强产品的核心竞争能力，更好地满足用户，尤其是高端用户的个性化需求。

高端用户作为企业的一种重要的核心资源，提供高端的服务成为维持高端用户群体的重要手段。在腾讯的服务体系之中，高端用户是腾讯服务的主体，腾讯希望通过不断改善自己的服务来让更多的高端用户使用腾讯的产品。同时也在不断地将高端服务延伸到所有的用户群体之中，从而让用户对于腾讯的产品形成一股凝聚力，进而不断增加腾讯的品牌价值。

企业在将产品做好的同时，还应该注重企业服务质量的提高。客户服务贯穿于产品推广的各个环节，即使完成了产品的销售，客户的服务工作也依然在进行着。对于高端用户提供个性化的服务成为在新时代下各行各业所开展的新的服务业务，通过高端用户的“领袖”作用，来带动普通用户，从而在整体上提高用户群体的意识水平，为企业的产品提供更多的有用的信息反馈。

**腾讯便签：**

通过个性化的服务内容来增强高端用户的凝聚力，从而带动整个用户群体对于腾讯品牌的忠诚度，在产品为先的前提下，注重用户服务水平的提高，这也成为腾讯不断发展壮大的原因所在。

<<< 第五章

# “内外兼修”者才能成就大事

## 内：专注，马化腾给创业者的忠告

随着社会经济的不断繁荣，互联网为人们带来了更多的可能。对于年轻人来说，除了按部就班的工作，创业成为许多人的另一个选择。在现代的创业者之中，80后已经成为中坚力量，90后则作为一支新生力量开始登上创业的舞台，他们带着自己的青春热情与朝气，向着未知的领域发起了冲击。

创业虽然已经是一条很多前人已经走过的道路，但对于年轻的创业者来说依然是充满着荆棘与挑战。想要创业成功，除了高涨的热情，还需要具备许多其他方面的能力。创业市场之中风云变幻，一不小心就会陷入市场的旋涡，这种危险是致命的。

作为中国互联网行业最早的一批创业者，马化腾十分欣赏现在年轻人的创业热情，他认为90后能够出来创业是一种很好的现象，这说明他们在很早便可以独立的思考社会上的问题，但同时他也提到了许多年轻人在创业中会遇到许多的问题，这对于创业者来说是不可避免的，只能靠实力取胜而不能选择逃避。

在一次访谈中，马化腾从自身的经验出发，总结了腾讯在创业过程中的困难和挑战，他认为腾讯之所以能够发展到今天这种程度，最为主要的原因在于腾讯始终专注于做好用户体验这件大事。他认为用户的体验关乎着腾讯产品在市场之中的成败，因为得到了用户的认可，腾讯的产品才能够在复杂的市场竞争中脱颖而出，正是因为腾讯的这种以用户为中心的专注，才创造了今天腾讯的辉煌。

专注也是马化腾给予创业者的最为重要的一点忠告。不仅是年轻的创业者，对于已经创业多年的创业者来说，专注依然是在创业过程中十分重要的一点。马化腾所说的专注，在腾讯中，除了对产品，最为重要的就是对于用户体验的专注。专注于产品的用户体验是腾讯取胜的关键。

马化腾认为创业关键在于要专注的解决一个痛点问题。马化腾经常会接到许多信件，在这些信件的内容都是一些能够帮助腾讯实现“成功”的重大战略构想。但在马化腾看来，这种战略构想可能并没有错误，但对于腾讯来说可能并不是很合适。他认为腾讯的战略应该是“小步快跑，试错迭代”，这也是腾讯产品始终保持短周期更新的原因。

在马化腾看来，大的战略可能适合于企业的长远规划，但如果从企业的现实来看，专注于每一个产品的用户体验是更为正确的战略方法。对于产品的更新，马化腾认为每一次都是不完美的，之所以会出现这种情况，则是由于社会发展和用户体验变化的双重因素造成的，所以只有保持着不断地更新，每次发现一个两个小的问题，这样可能需要花费一年到两年时间将产品打造到完美状态，但重要的就是这样的过程。创业者只有专注于过程，才能得到想要的结果，在创业之前就预先规划出结果，无疑是一种自己为自己“画饼”的行为。

1999 年 2 月，腾讯 QQ 正式上线，一经推出便获得了大量用户的喜爱，到了 11 月份，QQ 的注册用户数量已经突破了 100 万大关，2000 年 4 月，则达到了 500 万。当时的中国互联网市场之中，网易新浪的聊天软件虽然没有达到 QQ 的强大实力，却依然对 QQ 造成了很大的威胁。QQ 在早期的发展之中，遇到了许多难以想象的困难和挑战。

与ICQ的官司、缺乏盈利的商业模式、竞争对手的集体围剿，这些都对QQ的发展造成了很大的阻碍。虽然遭遇窘境，也曾想过要放弃QQ，但最终马化腾却依然决定继续下去，而且要专注于QQ，不去考虑其他的产品。只有专注于QQ本身的创新，才能够继续占据市场的主动，只有更加专注地寻找QQ与用户直接的结合点，才能够发现适合QQ的商业盈利模式。

在QQ的用户界面设计之外，腾讯开创了许多其他形式来更好地提供用户体验。将用户的信息存储到云端，这样便让用户可以在不同的电脑上共享自己的QQ聊天记录。在今天看来，这一功能可能十分普通，可能不会有人再去考虑这样的问题。但在当时，这一改动对于用户的意义不言而喻，正是这一小小的改动，让更多的用户成为了腾讯的忠实粉丝。

通过对于用户体验的研究，腾讯最初将QQ的体积压缩得很小，赢得了更多用户。在1999年，我国网民的平均线上下载速度只有5K左右，而在当时的市场之中，即时通讯软件的大小一般都在1M到2M之间，也就是说当时的用户需要花费1个多小时的时间来下载这些软件。但当腾讯将QQ的大小压缩到220K时，用户在下载上所花费的时间大大减少，这也成为用户选择QQ的另一重要原因。

在1999年时，我国的互联网水平并不高，这也导致了许多互联网设备运行十分不稳定。可以说这一问题既是技术上的问题，也是时代的局限性。正因为这种“不稳定”已经成为常态，所以很多互联网企业都没有重视这一点。但在腾讯看来，这是用户体验最为重要的环节，只有解决这一点才能为用户提供最为根本的即时通讯服务。于是，在张志东的带领下，腾讯团队开始在技术上攻坚克难，经过了不懈的努力，最终腾讯完成了对QQ稳定性的改造，虽然没有解决整个行业中的问题，但却保证了用户在使用QQ时的舒适和稳定。

QQ 作为腾讯的早期产品，其中包含着腾讯所有的企业价值观，对于 QQ 的渐进式更新，也是腾讯坚持用户体验至上的重要体现。现在微信的推出对于 QQ 造成了一定的“威胁”，但我们可以看到，腾讯团队依然在不断完善 QQ 的功能，QQ 微云、QQ 口令红包，许多新的功能让 QQ 依然具有着鲜活的生命力。

很多人认为腾讯专注于即时通讯领域，不断开发出适应时代的社交软件，正是这种专注促使腾讯获得了今天的成功。这种说法没有错，但却并不全面，腾讯专注于即时通讯产品，但却并不局限在即时通讯产品中。我们可以看到在现在的腾讯版图中，腾讯游戏、腾讯文学、腾讯音乐等都是腾讯重要的发展领域，腾讯在创业早期，专注于单一的即时通讯领域，随着企业的发展，现在的腾讯更多的是在追求产品的跨界，腾讯希望成为互联网世界之中的连接器，来连接市场中的多个领域。

腾讯并没有始终专注在单一产品上，但腾讯却始终专注在提升用户体验上，这也是马化腾给予创业者的重要建议。产品的目的是要服务用户，只有用户接受的产品才能够发挥其真正的价值。企业一味地专注于闭门搞产品，而忽视了对用户体验的研究，这样的结果，就是虽然产品的功能全面，但却并没有用户去使用，最终导致企业的失败。

从腾讯的经验我们可以看出，专注于产品是很重要，而专注于用户则更为重要。专注于产品是手段，专注于用户则是基本。企业不会生产单一的产品，但企业所面对的用户都是市场中的用户，所以专注于用户，对于创业者来说更为重要。

腾讯便签：

专注并不只是一个人的重要能力，同时也是一个企业必备的重要价值观。创业者在做产品的时候要坚持产品和用户相结合的理念，在专注于自身产品的同时，更加专注于用户体验。只有为用户提供更好的体验，产品的价值才能够实现，企业才能够获得最终的利益。

## “兵贵神速”的商业启示

速度造就了成功，没有速度就没有成功。

——莎士比亚

速度是决胜千里的关键，无论是在商场、战场，还是在运动场，速度都决定着成败。孙子兵法中有：“故兵贵胜，不贵久”的说法。在战场上，速度决定着战争胜负的关键，而在商场上，速度的作用也十分明显，许多企业都在强调速度，因为在市场上的机遇是不等人的，无数的竞争对手都在等待着唯一的机会，自己不去抢占先机，就只能看着别人在成功的道路上越走越远。

在西方的商业市场之中，“巨无霸”被小鱼“吞噬”的场景层出不穷，当“巨无霸”拖着庞大的身躯向前发展的时候，无数的小鱼率先抢夺到了市场的机遇，并且一步步拉开与“巨无霸”之间的距离，最终完成了对“巨无霸”的反超。可以说“大鱼吃小鱼”的时代已经一去不复返了，在互联网市场上，只有快慢。

到了移动互联网时代的今天，虽然在中国互联网市场中，“巨头”们依然占据着市场的主导地位，但无数新兴企业凭借着自身的速度优势不断发展起来，可以说速度和效率成为企业发展的重要因素。在市场上，每一次新产品的推出，都会出现许多跟风的产品，但最后成功的往往都是第一个出现在市场上的产品。很多时候，用户在选择市场上的同类型产品时，总会有一种先入为主的观念，在产品的功能都差不多的情况下，人们总是会最先关注第一个出现的产品。

这也正是商机越来越被企业所重视的原因所在，因为在一个小小的商机背后，隐藏的是一大批潜在的用户，而这些用户所代表的则是一个庞大无比的市场。错失一个小小的商机对于很多企业来说往往是十分致命的。

这在我们生活中的各个领域都十分常见。例如，当一件事情发生之后，几分钟时间就可以通过互联网传遍整个社会，而这么短的时间对于传统媒体来说，根本没有机会去组织稿件，更不要说去印刷发行。在互联网之中，信息的快速传播导致了传统的纸质媒体的衰落，而众多纸质媒体在意识到这一社会现实之后，纷纷加入到了互联网之中，到目前为止，大多数纸质媒体都已经有了网络版，这种改变再一次将传统媒体从消亡的边缘拉了回来，传统媒体也搭上了互联网这列快速运行的列车。

除了许多企业完成互联网转型，加快自身发展速度外。在互联网行业之中，各互联网企业之间也不断加快着自己前进的步伐，“传媒大王”默多克说过：“除了快速做出决定并且以决定为基础采取行动外，没有其他方法可以击败你的竞争对手。懒惰是失败者的专利，只有快速才能生存。”

在激烈的市场竞争之中，只有抢占先机，才能提前为下一步的发展做好规划，并一直保持向前发展的优势。

腾讯能够发展成为今天这样庞大的互联网帝国，速度成为腾讯战胜竞争对手的重要原因。无论是QQ、微信，还是腾讯游戏，如果没有在速度上领先于竞争对手，那么这些产品可能并不会在市场竞争中存活下来。但腾讯产品的强大并不单单在其速度，除了以速度抢占先机之外，腾讯还有一种独有的技能，保证自己的产品在市场竞争中不断发展壮大，始终保持着领先的地位，那就是不断完善和更新产品的功能内容。

2010年12月10日，小米发布了中国第一款模仿Kik的产品米聊，这时的腾讯也在进行着相关产品的研发工作。在腾讯内部，三个不同的团队在研究着三款不同的产品，马化腾规定那个团队的产品先完成就推出哪个团队的产品，不论最后推出哪个团队的产品，最后的名称都用“微信”。

张小龙团队所研发的产品立项时间要比雷军迟1个月左右，在2011年的1月21日最终完成，因为是三个团队中率先完成的成品，所以张小龙带着自己的“微信”展开了与雷军的赛跑。微信的第一版将功能确立在了节省短信费用之上，但在当时的中国市场之中，电信运营商提供了丰富的套餐服务，这使得基本上每个用户的包月短信都消费不完，所以说微信刚刚推出之时并没有什么市场。

随后微信进入了产品更新的发力期，雷军的米聊也不断地吸收着各种各样的功能。在2011年4月，米聊借鉴TalkBox增加了对讲机功能，这一功能瞬间吸引了大量的用户关注。微信也不甘示弱，在一个月后也加入了语音聊天功能，也吸引到了大量的用户。张小龙始终没有停下前进的脚步，仍然在继续向前狂奔，“摇一摇”和“漂流瓶”的推出，进一步增加了用户对于微信的忠诚度。

雷军也不断地更新着米聊的功能，但当微信推出“查看附近的人”功能之后，米聊便彻底失去了与微信竞速的机会。在“查看附近的人功能”推出之后，原本用户数并未突破百万的微信，开始以日增用户10万的速度狂飙，微信开始进入了发展的快车道。

速度是抢占市场先机的关键，而真正想要把握住先机则需要不断地更新和完善产品，在微信和米聊的“赛跑”中，速度起到了重要的作用，但决定最终成功的却是双方在后期产品功能更新上的较量。可能在这里很多人会认为米聊率先推出，却依然没有取得成功，所以说速度并不决定产品的成败。之所以会出现这种想法，主要是忽略了一个客观事实，那就是当时软件的普及程度和后续功能更新的速度。

在微信和米聊的竞争中，米聊虽然先一步推出，但在当时的互联网环境中，一个月的时间，米聊并没有完全普及到用户手中。试想如果将这一情况放到现在，一个月的时间内，使用互联网的用户都将了解并接触到这一产品，而当用户对产品产生黏性之后，想要再接受其他产品就十分困难了。

而当时的微信虽然晚推出了一个月，在米聊依然没有大面积普及的情况下，二者仍然能够一战。为了追赶这“一个月的距离”，微信足足花费了半年时间。在这半年之中，落后的微信一直苦苦追赶，但却始终无法弥补二者之间的差距，其实从功能上看，二者并没有太大的差距，主要就在于入场时间的先后，米聊比微信提前跑了一个月，二者在起跑线上便存在着差距。

经过了数次更新之后，微信最终扭转了战局，完成了对于米聊的超越。但微信始终没有停下不断完善自己的脚步，将自己的优势不断扩大，最终将所有竞争对手都甩在了身后。在微信的崛起之路上，速度贯穿于微信发展的始终，在保持速度优势的同时，不断完善自身产品的功能成为微信成功的关键。

很多时候企业会过分地强调自身的发展速度，为了追求发展的速度而陷入一种狂热的状态，因为害怕会丧失先机，而忽视了对于企业自身产品的思考。抢占市场先机是重要的，但能否把握住这种先机，同样是重要的。速度能够帮助企业抢占先机，而产品将会帮助企业保住发展的先机。过硬的产品质量是企业必须始终坚持的发展理念，不断更新和完善产品的功能，才能够让企业始终将市场的先机把握在自己手中。

腾讯便签：

速度至上是企业抓住市场先机的关键，但产品的质量同样关乎着企业的发展。在企业的快速发展中，不断完善产品的功能，是企业始终保持快速前进的关键因素。

## “稳中求胜”的发展思维

互联网行业的专家在分析腾讯的发展历史时都会得出一个同样的结论，他们认为“腾讯的发展步伐太过于谨慎”，有些互联网行业的分析者还认为“如果腾讯能冲劲更足一些，腾讯的规模会比今天更大。”当然，我们无法去验证这种假设是否能够成立，但从腾讯近 20 年来的发展来看，依靠这种“谨慎的走法”，腾讯确实走出了一条属于自己的成功之路。

关于腾讯在发展战略上的谨慎，马化腾也认同这种观点，他也曾提到自己在腾讯发展问题上相对比较保守。“是否具备成功的条件，能不能做成，其中会出现哪些问题？”这是腾讯在开展一项新业务时，所有参与者必须要思考的问题。马化腾认为如果没有把握，那这个业务宁可不做，因为他所信奉的商业哲学是“先做最有把握的事情”。

相比于其他互联网企业的领导者，马化腾属于稳健、内敛的一类。这种性格正好与马云截然相反，而表现在市场战略上，则是马云在布局时往往有一种“豪赌”的心理，对于未来总是显得胸有成竹。而马化腾则会先仔细地将问题了解得一清二楚，然后再谨慎认真地开始进行下一步。我们很难去评价这两位互联网大咖的个性究竟哪一个更适合企业的发展，因为腾讯和阿里巴巴都已经成为中国互联网行业乃至世界互联网行业中名列前茅的企业。

或许真是个性使然，两人在公司上市的地址选择上也是截然不同，马云选择将阿里巴巴带到纳斯达克，而马化腾则就近选择了香港作为腾讯的上市地。还是那句话，我们没有办法判断二人的选择孰优孰劣，从结果上来看，两家企业都获得了巨大的成功，并在现在依然具有强大的生命力。

关于腾讯的上市，当时马化腾面临着三种不同的选择，在腾讯的股票承销顾问中，六家建议腾讯在香港上市，四家建议腾讯在纳斯达克上市，三家建议在两边同时上市。马化腾表示自己被这些选择搞得头都大了。而在最后，虽然香港上市公司的平均市盈率要低于美国，虽然搜狐、新浪、网易和百度都选择在美国上市，马化腾依然选择了距离深圳只有一水之隔的香港上市。马化腾认为，选择在香港上市，即使以后在股票市场上出现了问题，也比较容易处理，如果选择在纳斯达克上市，那么对于腾讯来说风险相对要大一些，所以马化腾选择了更为稳妥一点的方案。事实上，即使是在香港上市，也依然没有影响到腾讯成为中国市值最高的企业。

而在腾讯的业务扩张问题上，马化腾也始终保持着自己稳健的行事作风，在决定企业的战略扩张方向时，更是凭借敏锐的市场洞察力，找到了适合腾讯的发展方向，从而推动了腾讯向前发展的步伐。

2003 年，腾讯经历了创业初期的艰难岁月，迎来了稳定发展时期。于是，扩展新的业务领域成为腾讯这一阶段重要的发展目标，从当时的情况来看，电子商务、搜索业务和门户网站成为几个比较热门的领域。电子商务作为当时的热门领域，其中的潜力是巨大的，相对于门户网站而言，也要相对简单，因为当时新浪、网易、搜狐仍然分割着门户网站市场。但在马化腾看来，门户网站和休闲游戏才是腾讯正确的业务发展方向。

在 2003 年前后，腾讯虽然摆脱了创业初期的惨淡经营，但依然面对着十分严峻的市场考验，微软的 MSN 进入中国，即时通讯软件层出不穷，腾讯所面对的市场竞争变得更加激烈。在这种情况下，马化腾认为门户网站和休闲游戏作为中国互联网市场中相对成熟的两大业务板块，腾讯进入其中相对要容易，并且风险也会比较小一些，而当时机成熟时在选择进入搜索引擎和电子商务市场才是正确的选择。

于是门户网站和休闲游戏两大业务板块正式确立，不到三年时间，腾讯的门户网站就发展成为流量最大的中文门户网站。而腾讯所推出的休闲娱乐游戏平台，仅仅用了一年时间就成为最大的休闲游戏门户。可见，马化腾所采取的“规避风险”的稳健发展战略，效果是良好的。

随着腾讯品牌的不断发展，腾讯品牌呈现出低龄化、娱乐化的倾向，这成为制约腾讯进一步发展的“缠足藤”。提升品牌价值，转变品牌形象成为腾讯要解决的迫在眉睫的问题。但在马化腾看来，腾讯的品牌在一定时间内仍然对用户具有一定的黏性，所以腾讯还有时间去改进，速度不能太快，更不能换一个品牌，只能慢慢地逐步中性化，才能彻底解决这些问题。

马化腾的稳健让腾讯从激烈的市场竞争中存活下来，并且逐渐发展壮大。现在的腾讯帝国没有了创业初期的压力，在战略布局方面依然保持着稳健的风格。企业领导者的气质在很大程度上决定了企业的气质，马化腾将自己稳健的行事风格移植到了腾讯的基因之中，在回顾企业的发展历程时，马化腾曾说：“其实就是慢慢地试，有信心，步子就会逐渐大一点。”正是在这种一“慢”一“试”之中腾讯才发展到了今天。

腾讯便签：

企业的成功需要多方面的因素，腾讯稳健的发展步调是每个企业都应该学习的，根据自身的实力来选择适合自己的发展规划，有时候“慢一点”往往会让你跑得更快。

# 微信摇一摇：简单就是美

日本的插花艺术讲求用物质上的“少”去寻求精神上的“多”，这主要是受到了禅宗“无即是有、多即是一、一即是多”的审美意识的影响。在日式插花中，“少”往往能够表现出更多的意境来，这就是所谓的“简单就是美”。

而在企业的产品设计中，这种简单就是美的思想依然具有很大的影响力。在苹果的产品设计之中，乔布斯时代所流传下来的单按钮设计到现在依然受到用户的喜爱。整个苹果手机中的多种功能都可以通过触屏和简单的按钮来完成，单按钮的设计也大大地增加了苹果手机的外观美感。

在苹果的产品设计之中，产品功能的简单化也是一个最为主要的特点。在 iPhone 之中，我们只需要按两次按钮就可以找到多任务的切换界面，而在 iPad 之中，我们只需要用四个手指在屏幕上一滑，就能够调出多任务切换界面。苹果的每一个产品在功能上都在追求简单的美学，这种越来越少的人为操作，为用户提供了绝佳的使用体验。产品功能的简便，让苹果变得更受欢迎。

早在 20 世纪 70 年代时，苹果便提出了“技术 + 艺术 = 商业力”的概念，苹果公司认为功能设计是连接消费者和设计者的纽带，苹果并没有发明什么新的技术，它只是将现有的东西重新进行诠释，然后用更加简单直接的方式呈现给消费者。

密斯·凡德罗曾提出“少就是多”这一口号，在他的作品中，每一个细节纹理的设计都已经精简到了不能再精简的绝对境界，甚至有些结构完全暴露在外面，但这种风格设计出的作品，在结构上既高贵又典雅，充满了纯粹之美。

这种至简的美学思想在互联网行业之中也同样适用，在腾讯的产品设计中无处不充满了这种思想，因为追求至美至简的理念，腾讯总会对自身的产品进行更新，这些更新并不是单纯地添加，很多时候这也是一种减少。

简单似乎成为微信的代名词，虽然微信的功能不断增加，但微信依然保持着轻瘦的身材，这一点难能可贵。而主要原因是在于，在微信的每一个功能设计之中都蕴含着简单的美学，除了对于一些重要功能的解释说明外，微信的其他功能都尽可能地追求简单化，不额外增加一点多余的要素。

“摇一摇”是2012年微信推出的一个附加功能。通过摇手机或者点击按钮，用户可以匹配到在同一时段内触发该功能的用户，这一功能不仅可以增加陌生用户之间的互动，同时还能够增加微信用户的黏度。

“摇一摇”功能在技术上并没有太大的难度，但如何将这种产品做成一种极简的体验，却成为微信研发团队所面临的一个重大问题。在微信“摇一摇”的界面中只有一张手握手机的图片，下面是可以选择的几个选项，用户需要做的就是“摇一摇”这个动作，然后就会出现同一时间使用这个功能的用户。

在很多产品的设计之中，设计师喜欢加入一些提示信息，来告知这一产品的功能是如何使用的，他们认为这是一种对于用户十分“友好”的举动。但很多时候，恰恰是这些温馨的提示伤害了用户的使用体验。而在微信“摇一摇”的界面中并没有单纯的解释文字，有的只是那张背景图片，但用户依然知道自己需要摇一摇手机来使用这一功能。可能很多用户在下意识的情况下就摇动了手机，而同时用户会听到一种“沙沙”的来复枪的声音。用户的动作同时会带动自己的听觉感受到“摇一摇”的魅力。

腾讯之所以要求微信在产品功能上追求极致的简单，主要原因在于只有产品功能够简单，才能够防止同类企业去模仿改进。在微信推出“查看附近的人”功能之后，很多同类型的产品纷纷开始模仿这一功能，而在模仿的同时，还加入了类似“表白附近的人”的功能。这种在原有产品基础之上的微创新可以说是成功的，但对于产品的原创者来说是不公平的。在马化腾看来只有你的产品够简单了，别人才没有模仿的机会。

在追求产品功能的极致简单的同时，专注于用户体验也同样重要。在大多数使用微信的用户中，很少会有人认为通过微信可以帮助自己省钱，但绝大多数用户都认为使用微信很方便、很好玩，这种感觉其实就是一种用户体验。微信在推出之时，并没有标榜要取代短信或者移动电话，而是将自己定位在了一个社交工具软件上，用户不仅可以通过微信通话，同时还可以“玩”微信，其中这个“玩”是用户十分看重的。

微信“摇一摇”正是做到了功能的最简化，才使得其他产品没有机会对其完成超越。简单的“摇一摇”的动作已经无法再去简化了，“摇一摇”的动作还进一步带动了用户的肢体活动，相较于单纯地通过点击按钮和语音控制，动作上的感觉会更加真实，在体验上也更加充满动感，是一种能够带动用户互动的操作方式。

不仅在互联网企业之中，许多企业都将“简单”奉为产品设计的终极理念。“精于心，简于形”是飞利浦公司为自己设定的新的发展方向，在飞利浦的规划之中，设计并不是简单的线条与空间的组合，而是一种审视世界的方式，是人们解决生活问题的方法。为了探索这种极简的设计美学，飞利浦邀请了诸多领域的专家，服装、汽车、IT，即使是这些与自身产品毫无关联的行业专家，都被飞利浦聘请为顾问，因为要追求极致的简单所要涉及的并不仅仅是技术方面的知识，它的范围显然要更加广阔。

而在腾讯的产品生产体系之中，微信也并不是唯一的一款追求简单的产品。在腾讯庞大的产业链条之中，所有的产品都需要经历极简的“瘦身”过程。在腾讯发展的早期，为了应对激烈的市场竞争，许多产品被附加上了诸多的功能，而到了发展的稳定时期，腾讯需要做的除了开发极简的新产品外，还需要为这些旧有的品牌产品“瘦身减重”，腾讯需要改变“胖企鹅”的形象，在极简主义的引导下走上一条可持续发展的新道路。

腾讯便签：

极简主义是产品设计中的重要理念，针对用户的需求打造极简化的产品，不断地优化用户的使用体验是十分重要的。腾讯产品现在正在做的就是为自己的品牌产品“瘦身”，同时在新产品的生产之中贯彻“极简”的产品观。

## 外：移动互联网时代的“效果广告”

依靠即时通讯软件起家的腾讯，虽然拥有着庞大的用户流量资源，但在2010年之前腾讯并没有将这种用户资源释放出来。经历了惨烈的3Q大战，马化腾发表了自己“打开未来大门”的想法，宣布了腾讯开放的八大战略。随着腾讯的开放，越来越多的广告资源开始涌向腾讯的开放平台。与此同时，在移动互联网时代的发展，让更多新的广告宣传模式应运而生，这里面既有机遇也存在着许多风险和挑战。

而刚刚开放的腾讯所要面对的则是如何利用自身海量的用户资源为广告主服务。与传统的互联网新闻门户相比，腾讯的QQ系列产品并没有找到一个合适的广告投放模式。这也就意味着腾讯每天都将有数以百亿的流量被浪费掉，腾讯急需一种广告营销模式来将自身庞大的用户流量利用起来，同时还能够在新的互联网时代中获得更多的经济效益。

在互联网时代，互联网广告主要包括两种类型。一种是新浪和网易等门户网站所推行的“门户广告”。从广告的目标受众角度来看，门户广告与传统的媒体广告之间并没有太大的差别，门户广告的效果主要通过广告的曝光量来衡量。而另一种主要的广告形式则是“搜索广告”，这种广告以搜索引擎网站为依托，根据用户搜索关键字来展示广告内容，搜索引擎广告的出现也标志着网络广告开始进入到了精准营销的时代。

而到了移动互联网时代，对于腾讯而言，前两种传统的广告营销模式并不适合自身的发展，腾讯必须从自身的特点出发来寻找一种更为合适的广告营销模式。腾讯广点通的出现为互联网广告开创了一个全新的概念，同时也让腾讯找到了适合自己的广告推广模式。

腾讯探索广点通的模式主要是以一种产品思维为导向，通过搭建一个可以满足不同广告主投放诉求的平台，来将广告主和腾讯自身庞大的用户相连接，在尊重用户体验的前提下，满足广告主的广告投放需求。

广点通属于一种“效果广告”，这一广告模式更加强调通过广告产生的效果来计算广告费用。广点通可以根据用户的属性来推荐相应的广告内容，即使是访问相同界面的用户，他们所看到的也是不同的广告。对于用户来说，广点通只为用户提供自己感兴趣的广告，大大节约了广告主的广告投放成本。

这种效果付费的广告投放模式很快便受到了广告主的欢迎。广点通最先在 QQ 空间上线，每次用户浏览广告后广告主付出相应的费用，在这种计费方式中，广告主所付出的成本是十分低廉的，因此得到了许多广告主的支持。到了 2011 年，广点通已经附属到了手机 QQ 等多种跨平台终端，可供广告主选择的广告投放场景也更加多样，每天的优质流量可以达到百亿人次以上。在这种广告模式的推动下，腾讯的广告业务获得了爆发式的发展，原有的用户资源得到了极大的开发，到了 2012 年，腾讯的网络广告整体收入第一次超过了新浪网。

这一时期正值移动互联网时代的发展时期，互联网领域发生了翻天覆地的变化，大数据和人工智能技术的出现为互联网广告提供了更多更大的发展空间和可能性。腾讯广点通虽然迸发出了强大的生命力，但在面对飞速发展的互联网现实时，不断地创造更新成为其最为重要的生存方式，不仅是腾讯广点通，对于任何互联网营销模式来说，与时俱进都是最为重要的一个因素。

腾讯便签：

在互联网市场中，用户流量资源是众多企业争夺的关键。但空有庞大的用户资源，找不到一个适合自己的互联网盈利模式，对于一个企业来说是十分致命的。腾讯如此，百度也如此，不断探索和创新，永远是成功的关键。

## 人人都能参与的社会化营销

互联网作为科技进步的产物，它的出现不仅大大地改变了人们的生活方式，同时对于企业的生产和发展也带来了诸多方面的影响。互联网行业的出现，互联网企业的兴起，对于市场经济的发展产生了许多积极的影响，同时也对传统行业的发展造成了一定的冲击。而之所以互联网行业能够取得如此大的发展，其中最为主要的原因在于互联网本身为这一行业提供了一种先天的营销推广的优势。

2009 年新浪微博推出后，除了为互联网在信息传播方式上带来了改变，同时也为营销领域带来了一场影响深远的变革。不论是传统企业还是互联网企业，都大大减少了在传统媒体领域的营销投入，而转到互联网中的社会化媒体上，社会化营销正是由此而生。

传统企业纷纷将自己的宣传渠道转移到了互联网媒体平台之上，对于广告主来说，通过互联网媒介可以加深与用户之间的沟通，在降低营销成本的同时，还可以有针对性地对用户传播自己的产品理念。除了搜索引擎广告，社会化营销平台主要集中在社交平台上。

作为即时通讯领域的领头羊，腾讯通过QQ、微信等社交平台不断积累互联网用户，在为用户提供舒适服务的同时，也不断地拓展着自己的社交网络版图。但由于腾讯游戏的强势营收能力，使得很多人忽视了腾讯在社交广告营销方面的能力。腾讯拥有着庞大的用户基数，这是许多企业望尘莫及的，这也是腾讯进行社会化营销平台构建的最为重要的保障。

2012年，腾讯推出了自己的社会化营销平台。在腾讯高级执行副总裁刘胜义看来，这是腾讯充分挖掘自身社交媒体和社交网络商业价值的必然结果。他说：“腾讯社会化营销平台的上线，是腾讯社会化变革最主要的动作，是广告产品全面向社交化升级的最重要环节。”

腾讯的社会化营销平台将用户、产品、技术和方法论融为一体，广告主可以通过平台选择自己需要的广告产品，还能够通过后台随时监测广告的投放效果，并随时根据需求不断优化和调整自己的投放策略，最终根据效果来计算费用。可以说这是一个开放自主并且可以控制的数字营销平台。

腾讯的社会化战略是符合互联网市场发展的规律的，腾讯通过对自身腾讯网、腾讯视频、QQ空间等平台的社会化改造，进一步提高这些平台的交互性，从而增强腾讯自身的社交价值，为社会化营销提供坚实、基础的平台。

而在另一方面，不断加深各平台之间的融合，从而形成一种整体全面的社交网络架构，在整体提升的同时，各平台也依据不同的特点完成自身的产品功能的升级。腾讯网开始走向社交集成和资讯交互等方面，腾讯视频则朝着移动化和社会化方向去发展。

通过对自身产品的升级和规划调整，腾讯的社会化营销平台最终形成，腾讯的社交化营销平台主要提供五大服务：第一是硬广资源的社交化，第二是打通的社交平台，第三是统一的用户管理模式，第四是便捷快速的自主品牌活动，第五则是全面开放的二次营销工具。

随着腾讯的不断发展，腾讯所推出的社会化营销平台也在不断地升级进化，除了在自身网络媒体方面做出改变外，腾讯还将推出新的互联网营销方法论，这一方法论基于社交化、人性化和便携化的角度，以影响人的内心和价值观为主要的核心手段，对于未来的社会化营销具有重要的意义。

腾讯的社会化营销平台之所以能够取得一定的发展，主要是因为腾讯通过自身庞大的社交网络，为用户提供了一个稳定的沟通平台，基于好友关系的品牌情感培养，用户的需求将会受到好友的影响，同时广告主也拥有了更为丰富的营销宣传手段。腾讯的社会化营销坚持“用户为本”的营销模式，主张从用户的内心和价值观入手，将品牌的营销主张植入其中，对于企业品牌知名度的营造也具有重要的作用。

传统的营销方式所追求的多是宣传的力度和范围，追求广告宣传的不断扩散，许多企业基本上是在进行“喊破嗓子式”的宣传。而社会化营销所倡导的，是从自身开始，不断扩散和影响到自己周边的每一个人，在形成了一定的范围之时，宣传的后续效果自然而然便会显现出来。可以说这是一种每个人都可以参与到其中的营销宣传方式，更加符合用户的心理需求，也更容产生良好的营销宣传效果。

腾讯便签：

腾讯的社会化营销平台依托于自身强大的产品网络，通过变革各产品之间的功能架构来完成社会化营销平台的构建，以用户为中心也是腾讯社会化营销的基本内核。

## 从朋友圈开始的微营销

2011 年 1 月 21 日，微信作为腾讯新的即时通讯工具被推出，为了应对同类型产品的冲击，腾讯不断更新着微信的功能。在微信 4.0 版本中，加入了朋友圈功能，最初的微信朋友圈主要是为了让微信内容像 QQ 一样，用户可以在朋友圈中向好友分享自己的信息。但随着微信的不断更新，越来越多的功能被加入其中，微信朋友圈的功能也开始出现了变化。

随着微信的迅猛发展，到了 2013 年，其注册用户数已经达到了 6 亿，拥有如此多的用户基数，腾讯敏锐地察觉到了微信中的巨大商机。据腾讯统计，阅读微信文章和刷朋友圈已经成为用户使用微信聊天之外的最主要行为，一个微信用户平均每天会刷 10 次左右的朋友圈，每个微信用户每月的微信文章阅读量加在一起会有一本书的厚度。正是在这些数据的基础之上，腾讯的朋友圈广告便应运而生。

但在腾讯看来，用户的使用体验永远是微信需要考虑的首要问题。单纯地增加朋友圈中的广告内容会不会让用户产生反感？会不会影响用户在浏览信息时的舒适度？因此，腾讯在朋友圈广告投放方面表现得十分谨慎，因为担心低质高频的广告伤害用户的使用体验，所以腾讯为朋友圈广告设定了极高的门槛。

价格方面是腾讯的第一个门槛，微信朋友圈广告根据广告效果收费，采取CPM（每千人成本）方式售卖，在一线城市的价格要高于二、三线城市的价格。每当用户浏览一次朋友圈广告，广告主就需要向腾讯缴纳一定的费用，如果广告主想要定向推送广告，那么价格还会进一步提高。

单纯地限制价格并不能够使低质的广告被“筛”出去，所以腾讯还推出严格的审查制度，来对微信朋友圈广告的内容进行审核。从已经推出的微信朋友圈广告可以看出，腾讯所选择的推广对象多是宝马、保时捷、海飞丝、兰蔻等知名品牌，广告的内容也都是汽车、饮料、化妆品之类的高档消费品。微信朋友圈的广告一般比较简短，但其内容却十分具有创意。用户在浏览朋友圈时往往会被广告的创意所吸引，所以很少会产生反感情绪。

考虑到用户浏览朋友圈内容的流畅性，腾讯限制了朋友圈广告的投放时间，这样不仅可以避免用户的朋友圈受到广告信息的频繁“轰炸”，同时也有利于广告投放的效果监测。通过几种不同的方法，腾讯成功地将微信朋友圈的商业盈利和用户的使用体验相结合，在不损害用户的使用体验的同时增强了微信的盈利能力。

从已经投放的微信朋友圈广告效果来看，除了广告宣传之外，微信朋友圈广告也为企业带去了更多附加的品牌价值，微信用户在浏览朋友圈广告时，对于广告所传递的价值意义往往感同身受，这种情感随即便会被附加到企业的产品中。

百事可乐在微信朋友圈投放的新年系列广告《把乐带回家》，通过优质的IP，动人的故事，获得了用户的认可。其中广告的曝光次数达到了1.03亿，小视频的观看量也达到了2亿多次，32万的点赞量，13.4万的分享和收藏量。这不仅引发了众多自媒体和“意见领袖”的主动转发，同时也带动了百事可乐限量版纪念罐的火爆销售。

在猴年即将到来之时，百事借助六小龄童的美猴王形象，利用“猴王”和“把乐带回家”这两个优质的IP资源进行广告营销，通过微信朋友圈推出视频广告，吸引用户观看并自主转发，同时达到扩大品牌影响力的目的。

百事方面认为“猴王戏”这一广告内容本身便具有极强的故事感染力，只有通过大的社交平台才能将这种影响力发挥到极致。而微信朋友圈视频广告便成为百事的首要选择，凭借着微信庞大的用户基数，将会很好地达到百事品牌宣传的目的。

2015年12月29日，百事的“猴王戏”食品广告在朋友圈上线，几行文案加上6秒的小视频来吸引用户的注意，然后再通过1分31秒的长视频来为用户讲述猴王“苦练七十二变，笑对八十一难”的感人故事。这一新颖的广告形式通过感人的故事内容抓住了用户的心理，让用户在感受到故事情感的同时对于企业的品牌内涵有了更加深入的认识。

广告一经推出便受到了用户的广泛关注，即使广告的投放宣传已经结束，许多用户依然在自觉的转发传播。百事在H5的界面之中加入了小游戏希望进一步加深品牌和用户之间的互动，同时与京东的“乐猴王纪念罐”购买页相关联，在向用户传递品牌价值的同时，引导用户进行产品消费，短短2个小时时间，5万个“乐猴王纪念罐”便被抢购一空。可以说这是一个从品牌故事传递到产品销售一体化的杰出范例。

除了百事的微信朋友圈广告外，腾讯早期推出的“宝马中国”“vivo”

和“可口可乐”的朋友圈广告同样引发了网友的关注。在2015年初时，腾讯便开始了移动社交广告资源的拓展工作，同时也将微信朋友圈广告作为一种最为重要的移动社交广告资源。在2015年5月份，腾讯将旗下的社交广告业务统一收入到“社交与效果广告部”，这一新成立的部门将工作重点放在了微信广告中心和广点通两大业务板块上，而在微信广告中心中朋友圈广告和威信公众号广告则是两大重点业务。

任何广告营销都需要从用户的根本体验出发，如果用户不需要或是让用户产生反感，那么这种广告不但不会为企业带来盈利和品牌价值。广告平台的运营商同样需要考虑用户体验的问题，如果采取了错误的广告营销模式，便会造成用户的不断流失，失去自己所拥有的用户流量优势，如果这时竞争对手再发起进攻的话，结果就很难预测了。

对于腾讯来说，庞大的用户流量是其优势所在，但如何将这种优势转化为在市场中的盈利点则是腾讯始终需要考虑的问题。腾讯QQ和微信的用户仍然在不断增长，而且这些用户的年龄层次也更加明显，90后、95后逐渐成为腾讯社交软件的主要使用人群，可以想象，在未来的几年，腾讯的社交平台将会迎来更为年轻的用户。而这时了解用户的需求，考虑用户使用体验，然后采取相应的广告宣传模式，是腾讯的必然选择。

**腾讯便签：**

腾讯利用自己拥有的社交平台来进行广告营销宣传，之所以会获得成功，主要原因在于从用户体验出发的广告营销模式的选择。通过严格的审查，将朋友圈广告变成朋友圈中的一大特色，这是腾讯真正高明的地方，也是值得其他企业学习的地方。

# 腾讯营销的方法论：FUN营销

随着移动互联网的迅速发展，人们的生活之中多了许多新的内容，许多科技应用和娱乐内容开始进入到人们的生活之中，这些新鲜事物在为人们所用的同时，也深刻地改变着人们的生活和娱乐方式。当人们可以在任何时间和地点，进行自己想要的娱乐活动的时候，生活和娱乐之间的界限便已经消失了，可以说生活的过程时刻都伴随着娱乐。而当娱乐已经渗入人们生活的每个角落，企业想要做好营销就需要下一番功夫了。

在这种形势下，想要做好营销活动，不仅需要在原有的渠道和方式上做出相应的改变，同时还要对营销的概念进行重新审视，对于营销究竟是什么，企业需要重新来定义它。在今天的营销宣传中，传统的渠道宣传已经不再具备优势，以互联网平台为主体的社会化营销成为一种重要的营销宣传模式。同时一种以 IP 为核心的跨界营销模式也开始不断获得了成功。

2014 年 4 月腾讯互娱推出了互动营销平台和“FUN 营销”方法论。“FUN 营销”是一种基于互联网及移动互联网，以引发粉丝效应为目标，以互动娱乐元素为形式，以情感共鸣为核心线索，通过 IP 化的包装手段，来高效传递营销信息的一种营销方法。“FUN 营销”自发布以来，已经累计影响到了超过 10 个行业的 40 多家企业，在营销宣传的效果上是十分明显的。同时腾讯互娱也从“影响力”“粉丝效应”“创新性”和“数据”等多个维度构建了“FUN 营销”的效果评估体系，从而使各合作伙伴能够更加全面地看到合作的价值。

“FUN 营销”的核心是“乐趣”，它拒绝使用传统的硬性广告宣传，选择一种相对容易被用户所接受的营销方式，来使得营销变得鲜活的同时，也让用户在其中得到更多的乐趣。即使是看似不相干的产品，也可以使用这种方法连接起来，而其中起到连接作用的点就是“IP”。

“IP 的本意是知识产权，但在营销范畴里，我们做了一些延展——一切可以留住与承载用户情感的符号其实都可以称为 IP。”腾讯互动娱乐市场部总经理高莉在介绍 IP 时说。在以消费者对于特定事物产生的情感积累的基础上，用“IP”将其包装，然后使消费者对产品产生同样的情感连接，然后随着对于 IP 的更多投入，来实现最终跨界合作的双赢局面。

腾讯在“FUN 营销”的理论指导下，已经成功合作了许多不同行业之中的不同企业。腾讯依托自己强大的 IP 与其他企业的产品“捆绑”，从而使产品获得用户的广泛关注。在 2015 年到 2016 年期间，这种“FUN 营销”便已获得了许多成功的案例。

在 2015 年，《英雄联盟》德玛西亚杯北京站和武汉站，斯柯达全新晶锐成为较早品尝到“FUN 营销”果实的企业。在比赛现场有超过 31000 人观看了比赛，同时还有 7500 万人在线观看了比赛。而在直播过程中，主持人口播、现场产品模型拜访、企业 LOGO 的展示、广告贴片、赛后专访等不间断的品牌宣传让斯柯达全新晶锐完全曝光在了观众的视线中，最终近半亿的视频播放量也能够看出这次营销宣传的影响。

同年，招商银行信用卡与《英雄联盟》开展了一场虚拟与现实之间的合作。用户在办理招商银行信用卡时，可以选择专属的《英雄联盟》信用卡。而持有《英雄联盟》信用卡的用户在使用信用卡时可以获得《英雄联盟》的虚拟奖励，而当用户在玩《英雄联盟》

时，也可以积攒信用卡的积分，用信用卡积分可以在招商银行信用卡商城中换购自己想要的商品。这种双向互动的方式，让招商银行和《英雄联盟》实现了双赢，凭借着《英雄联盟》庞大的用户基础，招商银行信用卡的发卡量得到了极大的提升。

而在2016年，腾讯的“FUN营销”借助自身的动漫优势，也成功进行了一系列的品牌宣传活动。在成功进行营销宣传的同时，也促进了自身动漫业务的发展和推广。

在2016年9月，腾讯公益发起了一个“非遗传统文化：与二次元的一次缘”的公益众筹活动。项目的主旨在于借助当今年轻人比较喜欢的二次元文化来宣传已经濒临失传的我国非物质文化遗产，从而引发人们对于传统文化的重视和传承。腾讯选择了中国风浓厚的《狐妖小红娘》作为范例，经过了几个月的推广，取得了良好的效果。

而在第一次尝试成功之后，腾讯互娱又发起了国漫《从前有座灵剑山》与传统手艺相互结合的项目，并且还出国走访了一些日本的艺术家，通过COSPLAY、直播等形式吸引更多的观众加入到这一项目之中，不仅深度传达了非物质文化遗产的文化精髓，还让原本高深的文化传统变得更加轻松，更加易于理解。

腾讯互娱所开展的关于非物质文化遗产的营销活动，不仅让传统的文化遗产受到了许多年轻人的欢迎和喜爱，同时也为腾讯自身的品牌价值的提升产生了重大的影响。相较于传统的营销宣传手段，腾讯的“FUN营销”将用户的情感作为自身的营销突破点，通过围绕着用户的心理和情感来进行适度的产品宣传，这种方式更能受到用户的认可和接受。

腾讯的“FUN营销”立足与自身强大的内容IP，用内容连接平台，生产出更多更好的内容，从而加深用户的情感投入，让用户对于产品产生更加长久的黏性，可以说这是一种充分利用粉丝效应的做法。同时通过高效的资源投入，在大数据分析的基础上，将内容更加精准地分发到用户手中，从而更加高效地完成产品的营销活动。

而创新则是“FUN 营销”的核心所在。不仅是“FUN 营销”，腾讯的每一种营销模式都需要以创新为引导。通过不断地探索来开辟新的营销思路，通过对于技术的研究来改变营销的方式，通过对于固有内容的创新，来让用户对于内容产生更强的黏性，通过对于用户体验的研究，来不断改进营销手段。创新是驱动整个营销活动的重要动力。

腾讯“FUN 营销”通过以“粉丝经济”为依托，利用 IP 来实现产品的跨界宣传，让本不相关联的品牌之间相互融合和补充，从而更加丰富企业的品牌形象。这一新的营销模式在打破传统模式的同时，为移动互联网未来的营销宣传提供了更多的可能性。

腾讯便签：

“FUN 营销”打通了不同行业之间沟通的渠道，将不同的品牌通过同一“IP”联结起来，以用户的情感为依托，来进行品牌的营销宣传活动，充分发挥“IP”的作用，实现双赢的局面。

<<< 第六章

# 创新是最有力的武器

# 动荡的时代与变革的决心

在动荡的时代，动荡本身并不可怕，可怕的是延续过去的逻辑。

——彼得·德鲁克

在中国的互联网发展历史之中，移动互联网时代的到来无疑是一件大事，而它所带来的互联网行业之中的动荡也让众多互联网企业记忆犹新。有些人认为移动互联网时代只是互联网时代的延伸，互联网时代发展了十几年，所以迎来了移动互联网时代。但当真正的移动互联网浪潮到来之后，人们才发现，它并不是一种延伸，而是一场颠覆。移动互联网时代彻底颠覆了互联网时代中的互联网的商业模式，摆在许多互联网企业面前的是一片有待重建的废墟。

移动互联网时代的到来，摧毁了许多实力较小的互联网企业，对于互联网时代的巨头也造成了严重的冲击。对于互联网巨头企业来说，寻找新的发展机遇成为其在移动互联网时代生存下去的一线生机。当更多的用户将注意力转移到移动端之后，依靠 PC 端为生的腾讯也陷入了十分痛苦的境地。

从最初的免费社交软件 QQ 开始，腾讯不断地积累着自身的用户资源。并依靠着强大的用户资源来发展不同类型的业务，虽然这些业务在具体的商业运营模式上存在着较大的差异，但用户流量资源是这些业务的重要基础，可以说腾讯的商业化之路就是通过不同的业务类型来将自己的用户资源货币化的过程。

庞大的用户流量让腾讯在移动互联网时代获得了极大的发展，但到了移动互联网时代之时，PC 端的用户开始逐渐流失，腾讯最为核心的优势以及生存发展的基础开始瓦解。对于这时的腾讯来说，想要将转移到移动端的用户再拽回到 PC 端是不现实的，而想要生存发展下去，改变不了用户就只能改变自己。在这动荡的时代之中，腾讯已经下定了变革的决心。

在移动互联网时代，移动端成为大多数用户的选择，围绕着智能手机等移动端设备，腾讯开始了自己的变革之路，除了要将自身原有的产品移植到移动端外，更为主要的是要开发出一种新的与移动设备相适应的产品，来重新获得用户的青睐。

最终腾讯成功推出了微信，并在与竞争对手的竞争之中获得了胜利，仅仅不到 3 年的时间，便发展到了 6 亿的用户数量。可以说腾讯凭借微信这一款产品，便将自己在互联网时代的优势成功延续到了移动互联网时代。在获得了庞大的用户流量之后，如何将其转化为实际的经济效益成为腾讯的主要工作。

互联网时代的产品思维已经不再适用于移动互联网时代的产品推广，腾讯变革了 PC 端的商业模式，开始了商业模式在移动端的探索。通过对移动互联网时代的用户行为分析，结合微信自身的产品特色，腾讯推出了朋友圈、公众号、微信支付等多种不同的服务，微信平台完成了从信息交流平台到多功能平台转化的过程。腾讯凭借微信在移动互联网时代站稳脚跟之后，开始了移动互联网时代的产品体系构建，真正的腾讯帝国也正式开始形成。

在移动互联网时代的腾讯通过变革获得了新生的同时，一步步走向强大，最终成为中国互联网企业的霸主。而相较于长达十几年的互联网时代，移动互联网时代的“寿命”似乎并不长。随着科学技术的进一步发展，新的互联网形态初现端倪，虽然新的时代还没有正式到来，到各大互联网企业却早已展开了新的变革，这也许是移动互联网时代到来时所带来的“动荡后遗症”所致。

大数据、云计算、人工智能技术的兴起为许多企业提供了新的发展机遇，虽然这些技术还并没有像智能手机那样对人类的生活造成显著的影响。但它们却也在慢慢地改变着社会的生产和发展方式，而当这些技术积累的量变达到一定程度之时，真正的巨变便会发生在每个人的生活中，没有人可以去断言这种变化的好坏。但对于互联网企业来说，这些先进技术却是它们必须争夺的重要资源。

大数据以及人工智能技术的发展让互联网的未来充满了更多的变数。虽然腾讯作为中国互联网企业的龙头，但在这一新兴的技术领域之中，仍然需要“摸着石头过河”，在不断地探索之中寻找未来的发展之道。

随着对人工智能技术研究的不断深入，互联网巨头企业已经获得了许多人工智能的关键技术，由于社会经济发展水平的限制，这些技术并没有普及到人们的生活之中。正如智能手机刚刚推出时一样，人们的购买力和刚需程度决定了互联网时代到移动互联网时代的需要经历一段过渡时期，现在也正是如此。

但对于企业来说，优先完成新时代的技术及发展模式的变革对于企业未来的发展具有十分重要的意义。时代的变换往往伴随着市场和行业的动荡，而真正能够起到在动荡的时代中生存和发展的，则永远是那些最先完成自身变革的企业。

腾讯便签：

新时代的产生在摧毁一批企业的同时，也会催生一批企业。而决定企业生死的关键则是在于能否在动荡到来之前完成自身的变革，求变则生，不变则死，腾讯在移动互联网时代的又一次飞跃正是这一思想的最完美例证。

## 抢占移动市场：手机QQ的改版与微信迭代

随着移动互联网时代大潮的汹涌而来，中国的互联网市场发生了翻天覆地的变化，移动互联网市场开始迸发活力，成为众多互联网企业竞相争夺的焦点。而在这一大潮之下，腾讯除了面对外部竞争对手的压力，更多的是要面对自身变革所带来的种种问题。外部的竞争对于企业的生存发展并不是致命的，而真正的危险往往是来自企业内部的变革，变革的目的是为了让企业更好的发展，而变革的过程则充满了不可预知的挑战。

在很多时候，改变自我往往要比打败对手要难得多，想要打败对手，抓住他的弱点就可以了，而要改变自我则需要不断地寻找自己身上的问题。难就难在寻找自身的问题上，一个企业在遭遇危机之时，尚难以发现危机的根源，更不要说一个正在不断发展的企业了，腾讯所面对的就是这

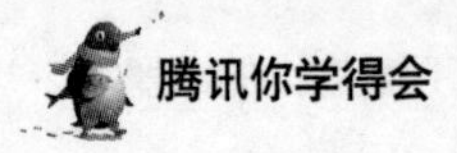


样的困境。

在移动互联网市场中，腾讯依靠微信成功完成了从互联网时代的过渡，但摆在腾讯面前的依然是竞争不断的市场现状。微信作为腾讯在移动互联网时代的新产品，其本身还存在着许多需要完善的地方，想要单纯依靠这一还未成熟的新产品来抢占移动互联网市场，显然存在着很大的风险。

正是出于这样的考虑，腾讯决定将PC端的QQ移植到手机上，通过手机QQ和微信双重产品来完成抢占移动市场的战略雄心。QQ作为腾讯在PC端最核心的产品，其为腾讯带来了无数的光辉与荣耀，想要在移动市场重新夺回主动权，手机QQ是必然的选择。

在很多人看来，手机QQ和微信作为同一类型的产品，其在市场中一定会出现非常激烈的竞争，腾讯的这种做法完全是一种自己打自己的做法，难道马化腾不担心自己的产品争得两败俱伤后，让其他人从中渔利吗?

关于内部竞争的问题，马化腾很早便做出过解答，马化腾表示，腾讯鼓励合理的内部竞争，没有竞争就很难出现技术的创新和进步，内部竞争能够更好地选拔出优秀的产品和技术团队。而从微信的产生也可以看出，腾讯内部竞争的结果也是一种优胜劣汰的自然选择。优秀的产品进入市场，其竞争力会更强，在内部竞争之中暴露出的问题也可以避免再出现在市场竞争中，毕竟在激烈的市场竞争中，一丝一毫的破绽都是致命的。

在抢占移动市场这一目标的指引下，手机QQ和微信开始了一段漫长的革新之路，想要不断地适应变换的市场竞争环境，就只有不断地完成自我的革新，手机QQ和微信自推出以来，始终保持着“短周期多变化”的发展步伐，这一策略又被称为“小步快跑，试错迭代”。在不断优化移动端使用体验的同时，为手机QQ和微信不断地增添新的功能。前面已经提到过微信的产品迭代，这里就不再赘述，我们可以从手机QQ的不断更新中寻找到腾讯占领移动市场的一些方法。

在 2013 年 5 月 8 日，腾讯推出了手机 QQ4.0 版本，这一版本上线仅 4 天，就收到了 3 万多条投诉，而所有投诉的问题都指向了新版本的一个改动：取消离线状态显示。腾讯的这一做法让许多用户表示无法接受，即使手机 QQ 的产品总监亲自解释了这一改动的原因，却依然无法让用户接受这一改动。随后在 5 月 17 日，腾讯在优化版之中对离线和在线状态重新做了标注。

可以说这次版本更新为手机 QQ 带来了很大的负面影响，但在腾讯内部看来，这是一次十分有价值的“试错”经验。是依照自己的想法对产品做出改动，还是根据用户的使用体验来量身定做产品，在这一点上，腾讯再一次走在了其他竞争对手的前列。也正是凭借着这一次的试错，腾讯对外界表达了 QQ 尝试自我变革的决心。

在这之后，手机 QQ 陆续进行了许多版本的更新，在“小步快跑，试错迭代”的策略指引下，陆续推出了 QQ 手游、QQ 阅读、QQ 钱包、QQ 红包等多种特色功能。到 2014 年 4 月 11 日晚 9 时 11 分时，腾讯 QQ 同时在线用户突破了 2 亿，而这其中通过移动端登录 QQ 的用户超过了 70%。

在手机 QQ 不断变革的同时，腾讯重新找到了 QQ 最初创立时的感觉。移动端的用户大多为年轻人群体，而面对这样的群体，手机 QQ 在变革之中就拥有了更多的可行性。对于年轻人来说，他们喜欢“新鲜”，喜欢“刺激”，更喜欢“个性化”，手机 QQ 在充分了解用户使用心理的同时，为年轻用户推出专属的功能体验，正是这种个性化的功能为手机 QQ 的发展提供了更为强大的生命力。

相较于微信而言，手机 QQ 的跨平台作用更加明显，微信所主打的是移动端的用户体验，而手机 QQ 需要考虑的除了移动端外，还包括与 PC 端功能的有效融合和互补。所以虽然有着同一类型的功能，但在具体的发展道路上还是存在很明显的差异。这也决定了这两个产品将在未来走上不同的道路，而从暂时的结果上来看，这两个产品的不断更新换代保证了腾讯将移动互联网市场的主动权牢牢地把握在自己的手中。

腾讯便签：

新时代具有新时代的特征，顺应时代特征做出改变对于企业来说至关重要。变革的基础在产品，而其根源则还是在于用户的使用体验，用户需要什么，产品就向那个方向做出调整，这一点看上去简单，但在实际的市场环境之中，却需要承担很大的压力和风险。

## 云组织时代的资源整合

在移动互联网时代，越来越多的人能够享受到互联网所带来的各种便利。随着互联网计算机技术越来越大众化，互联网也变得越来越简单。在这个飞速发展的时代，一家或几家企业在互联网方面的技术研发完全无法满足日益变化的社会需求。开放与合作成为众多互联网企业的共同选择。

在2010年，腾讯提出了云组织和云创新的概念。在马化腾看来，云组织时代正在向我们走来，在这一时代，人们可以通过信息技术和互联网技术，将社会上的各种资源快速地聚集起来为自己服务，而在工作完成之后，这些资源又会重新回到原位，等待着下一次新的组合。可以看到，马化腾所描述的是一个开放和共享的社会化形态。

腾讯顺利地完成了移动互联网时代的转型，自身实力也不断增强。在面对企业实力增强的同时，马化腾感受到的是腾讯身上的担子也变得越来越重，责任也变得越来越大了。对于腾讯来说，它已经从原来只有几个人的小公司发展到了拥有众多合作伙伴，拥有众多用户支持的大型互联网企业。为此，马化腾感到更多的除了为企业的股东负责外，腾讯更应当担当起为用户和社会负责的重任。

而正是在这种使命感的指引下，腾讯喊出了开放和共享的口号，马化腾说道："开放和分享并不是一个宣传口号，也不是一个简单的概念。开放很多时候被用作一个姿态，但是我更理解这是一个能力。分享不是一个愿景，更多是说你如何建立一个可执行的制度，才去执行你的分享和共享。所以，在自身的能量和能力还没有达到一个更高水平的情况下，或者很多制度没有建立完善的时候，去谈开放分享对人对己都是不负责任。我们提出半年时间转型，我们希望这是一次慎重、彻底、完整的转型。"

马化腾希望腾讯能够建立一个安全、开放、透明的云，从而将 QQ 从纯粹的客户端变成一个可以通过各种终端访问的平台，并用来支持腾讯的合作伙伴们进行创新服务。在马化腾看来，在未来的时代中原有的企业组织已经不再适应越发复杂的市场环境了，单一企业的自我发展已经无法满足用户不断变化的需求。所以企业需要一种更为灵活的组织模式，面对互联网时代"凌乱破碎"的用户需求，只有云组织的结构能够满足用户多样化的需求，而在不断满足用户需求的同时，云组织也将会获得生存和发展的动力。

随着云计算技术的不断发展，中国互联网的巨头企业纷纷将云服务纳入自己的发展规划中，云计算为云组织的生存发展提供了技术支持。而各互联网巨头企业则依靠云计算能力来搭建自身的云开放平台，通过向合作伙伴提供云服务来更有效地利用市场中的各种资源，最终完成用户服务这一最终过程。而中小企业在面对日益激烈的市场竞争和日趋复杂的用户需求时，也需要依靠云计算技术来完成自身的产品研发与推广，而这也是云组织在未来能够发展壮大的基础所在。

云组织是一种最为高效的资源整合形势，通过云计算能力来完成对于用户需求和市场资源的细致规划，再通过企业间的相互合作，资源共享，技术互通，从而达到高效低费的完成产品的研发和推广工作，最终生产出能够满足用户最终需求的产品。

腾讯便签：

"云组织"将是未来市场之中的一个重要企业组织形式，在云组织之中，企业间高度合作，完成产品的生产和推广，是一种良性高效的资源整合方式。

## 锁定消费者：主动跨界

互联网的深度普及让各行各业都感受到了它的巨大影响力，传统行业在艰难的转型，互联网行业则在寻求新的发展，谁都不想在这场互联网的盛会之中掉队。随着"互联网+"概念的不断深化，行业与行业之间的联系越来越密切，互联网行业开始与传统行业携手，通过跨界合作的方式进行品牌宣传，帮助传统行业转型的同时，也在不断扩大自己的品牌影响力。

随着市场竞争的日趋激烈，行业之间融合渗透的趋势也越发明显，跨界合作已经成为市场中最为高效的营销方式。每一个企业品牌都有着明确的目标消费者，但由于市场形势的复杂性，单一的产品特征无法帮助企业更好地获得自己的目标消费者。这时，寻找一个具有互补性的品牌就显得十分重要了，结合不同品牌塑造出的产品形象即全面又能够让消费者对于产品和品牌产生联想，从而更为容易地吸引消费者的兴趣。

跨界营销意味着打破传统的营销模式，从原来的单独作战，开始寻求非业内的伙伴合作，从而发挥出不同类型品牌的协同效应。而在跨界营销中，寻找合作伙伴的依据就是用户体验的互补性，这种互补性并非只是在使用该功能之上的互补，更多的是一种以用户为中心的价值观的互补。

腾讯在移动互联网时代进行了许多类型的营销尝试，而跨界营销便是其中之一。腾讯庞大的产品体系决定了它必须根据不同的产品来选择合适的营销方式。腾讯游戏作为腾讯最为赚钱的业务板块，旗下的许多产品正是在跨界营销的推动下才获得了大规模的用户市场，与其他品牌企业的跨界合作，不仅扩大了腾讯游戏的影响力，同时也为腾讯游戏的深度开发提供了许多不同的想法和思路。

早在 2013 年，腾讯游戏便与上海通用汽车达成了战略合作关系，通过腾讯的手机游戏《天天飞车》为载体，将上海通用汽车旗下的别克英朗 XT、凯迪拉克 ATS、雪弗兰科迈罗等风格独特的车型植入《天天飞车》之中。同时在广告和线上线下活动之中双方还进行了多次的深入合作。

《天天飞车》是腾讯游戏旗下“天天系列”手游的第四款产品，

在微信和手机平台同时推出，受到了许多用户的喜爱，不仅是年轻的学生群体，中年阶层的职业人士也对其中的各类车型兴味盎然。在与上海通用的合作中，腾讯不仅得到了上海通用汽车的车型使用授权，更在车辆碰撞画面、汽车转弯性能和游戏操作体验等方面获得了上海通用团队的技术指导。这也是在游戏之中，汽车场景展现和操作感十足的重要原因。

而通用汽车方面也对于这次合作十分满意，相对于在媒体上投放的广告，这种跨界合作的方式，将自身的汽车产品植入到游戏之中，借助腾讯游戏平台的庞大用户流量，不仅增加了产品的曝光量，更将产品的内容全面展现给了观众，而且这种营销宣传的影响时间相当长，影响的深度也比普通的媒体宣传要深入。

腾讯游戏针对自身的产品特色选择了许多不同的合作企业，不仅在游戏的研发方面为产品注入了更多的内容，在用户体验方面也不断地进行着优化，通过跨界合作，来从不同的角度去影响消费者，从而将消费者牢牢地固定在产品之中。这也正是跨界营销的实质所在，不同的品牌从不同的角度去阐释同一个用户特征，从而获得不同类型的用户支持。

不仅在游戏领域，腾讯的跨界营销在各个行业领域之中都玩出了花样。在 2016 年 9 月 10 日，腾讯体育倾力打造了一场集专业、好玩和好看于一身的原创腾讯篮球名人赛，在这场篮球比赛之中，既有 NBA 的全明星球员，又有中国男篮的主力球员，既有颜值爆表的偶像，又有能力惊人的世界冠军。腾讯体育将这些不同领域中的明星聚集在了一起，打造了一场“实力 + 颜值”的超级体育盛会。

腾讯体育的这一跨界尝试表明了自身打造优质赛事的决心，在拥有了 NBA 网络独播权以及和 FIBA 签下长达九年的合作协议之后，腾讯体育通过跨界打造腾讯名人赛正在逐步构建自己完整的篮球生态体系。在这场娱乐性与竞技性十足的比赛中，篮球巨星展示了与其球技水平相当的娱乐能力，偶像明星在展示出了与自身颜值相对应的篮球实力，这场腾讯名人赛在收获众多用户关注的同时，也为腾讯体育带来了巨大的品牌价值提升。

对于跨界合作来说，寻找相同的消费群体，是企业开展跨界合作的必要准备，通过对目标消费者的深入调研，在分析消费者消费行为和消费习惯之后，选择合适的合作伙伴来开展营销活动。而更好地利用合作伙伴的资源优势，则对跨界营销最终的效果有十分重要的影响。

在腾讯体育与明星们的合作之中，明星偶像通过展示与自己专业不同领域的能力，为自己开拓了一批新的粉丝群体，而腾讯体育则借助成功的比赛承办，将自己在大型赛事方面的组织能力展示出来，最为重要的是借助明星对于粉丝的重大影响力，为自身品牌带来了极大的正面提升，通过这一次赛事的成功，腾讯体育积累了许多实践经验，为后续的发展起到了重要的促进作用。

跨界营销作为移动互联网时代的一种创新型营销方式，虽然相较于其他营销方式能够取得更好的效果，但跨界营销对于企业自身的能力有着十分严苛的要求，试想哪一个企业品牌愿意和品牌实力不对等的企业合作？可以说产品实力是跨界营销的基础所在，选择合适的合作伙伴则是在将产品做好的基础之上要考虑的问题。

腾讯便签：

依靠自身强大的产品实力，腾讯在跨界营销方面具有许多的先天优势。而对于中小企业来说，只有在做好产品的基础之上，才能再去考虑跨界营销的问题，不仅是跨界营销，任何营销形式都要以自身的产品实力做基础。

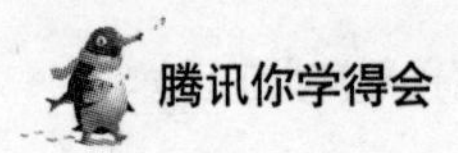

# 腾讯如何在日新月异的互联网中保持创新

在现在的互联网市场中，企业间产品的竞争归根结底是企业创新能力的竞争，越发复杂的互联网市场环境，对任何一个身处其中的企业来说都充满着挑战。而在面对这些挑战时，懂得创新的企业将会从挑战中存活下来，并随着其自身不断地改革和创新，继续获得更大的成功。如果一个企业不懂得改革创新，不懂得开拓进取，那么等待它的只会是灭亡。

创新是一项持续性的工作，需要贯穿于企业发展的始终。创新需要企业不断突破自身的限制，摒弃掉过时的旧有思维方式，结合当下的市场环境，创造性的采用新方法、新举措来应对激烈复杂的市场竞争，并从中获得胜利。

对于互联网企业来说，创新的作用尤为明显。我们在互联网市场中可以看到许多同类型的产品，可真正能够占据大部分市场份额的却往往只有个别的一两种产品，而这一两种产品之所以能够获得用户的喜爱，其原因就在于创新蕴含在这些产品中。

谈了这么多创新的重要作用，那么我们究竟要怎样来定义创新呢？创新难道仅仅是要创造一个新产品吗？关于创新，我们可以借鉴彼得·德鲁克的观点，他认为创新行动不但能创造出更多的资源，而且是让自己已有的资源创造更多财富的一种能力。因此，创新不等同于创造发明，判断创新的关键则在于是否能为用户带来新的价值。

将创新和用户结合在一起，这对于企业的发展来说似乎是一个十分合乎情理的命题。企业的发展离不开用户，企业生产产品是为了满足用户的需求。这也就是说，企业对于产品的创新需要基于用户的需求而言，企业通过产品为用户创造新的价值的过程也就是企业创新的过程，而这一新的价值最终还是用户的需求的表现。所以我们又可以这样理解：不断地满足用户需求的过程就是企业创新的过程。

了解了这一点，我们再看“腾讯是如何能够在不断变化的互联网环境中保持创新的”这一问题，其答案就十分明显了。在复杂多变的互联网市场中，腾讯凭借着 QQ 和微信积累了大量的用户基数，对于不同时代的用户需求腾讯都有过十分深入地研究，正是不断地从用户的需求角度出发，腾讯才不断完成了自身产品的改革和创新，一次次地将竞争对手甩在了身后。

腾讯在网络游戏中的表现，就是其从用户角度出发展开创新的重要例证。在 2001 年盛大将《传奇》引入中国，第一次建立起了网络游戏的商业模式。此后网易有研发出了《大话西游》和《梦幻西游》，而这时，腾讯还没有进入网络游戏市场中。

腾讯在 2003 年开始进军网游游戏市场，但直到 2007 年也并没有取得任何成果，这一时期即使是中国网络游戏领军者的盛大，也没有推出一部更为成功的作品。在这几年间，盛大和腾讯对于引进游戏所采用的是“拿来主义”，国内用户显然对于这些游戏会产生水土不服的感觉，所以在这一时期中不论是腾讯还是盛大都犯了一个重大的错误，而幸运的是腾讯及时发现了自己的问题。

在国内的游戏市场上，CS 始终占据着射击游戏的榜首，虽然说射击游戏在国内很有市场，但面对 CS 的强势压制，很少会有其他射击游戏在市场中存活下去。到了 2007 年，腾讯依然没有放弃对于国内游戏市场的执着，大批购买了一系列的国外网络游戏产品，其中就有日后大火的《穿越火线》和《地下城与勇士》。

仔细反思了之前的失败经验，腾讯开始在游戏的本土化上开始进行调整，经过了大量的用户数据调查和分析，腾讯用了一年时间完成了引进游戏的本土化改造。而在《穿越火线》推出的两年时间内，腾讯一共推出了22个版本的更新，在不断优化用户游戏体验的同时，新增了许多道具和游戏平衡系统，受到了广大网游玩家的欢迎。

随后腾讯又推出了许多自主研发的具有中国特色的网游产品，凭借着强大的用户流量平台，腾讯游戏获得了巨大的成功，《QQ炫舞》打败了《劲舞团》,《QQ飞车》打败了《跑跑卡丁车》，正是在不断研究用户使用体验的基础之上，腾讯才登上了游戏领域的巅峰，并始终将这一荣誉延续了下去。

很多人认为，腾讯游戏的成功主要依托于其庞大的社交平台用户流量。不可否认这是腾讯游戏能够快速获得发展的重要原因，但最为根本的原因还是在于腾讯对于游戏产品本身的创新，只有能够真正满足用户使用体验的产品才能够被用户所接受，即使腾讯拥有着庞大的用户平台，如果产品没有新意，依然无法获得用户的支持。

关于这一点，我们可以从另一个角度来看，在中国的网络游戏市场中，除了腾讯，网易、畅游等其他企业同样拥有着核心的产品，虽然没有腾讯这么庞大的用户流量平台，却依然凭借核心游戏占据着大量的市场份额。网易所推出的《大话西游》系列游戏经过了多年的发展，积累了大量的忠实用户，以至于新出现的同类型产品完全无法与之抗衡，即使是腾讯推出的《QQ西游》也同样不是对手。

创新对于腾讯来说，是其生存发展的根源所在。腾讯内部鼓励创新，每个部门都可以提出对于产品的看法，开放的创新文化在腾讯的每一个发展阶段传承着。在鼓励每一位员工参与产品思考、提供创意想法的同时，腾讯将用户需求始终放在了创新的首位。腾讯拥有一套成熟的获取用户需求的理论和方法，这些理论和方法经常会随着市场的变化而发生改变，通过后台的数据分析，最终得出对于用户行为的研究成果，从而指导产品的生产创新。

腾讯便签：

将创新作为一种企业坚守的文化，把用户需求永远放在产品创新的首位，这正是腾讯在不同的发展阶段能够始终保持创新的根源所在。

## 微信表情及移动游戏：娱乐至上的沟通体验

每一个新生事物的出现和发展，围绕在它周围的事物必然也会跟着改变。互联网发展至今，对人们的生活造成了深远的影响。在文化娱乐领域之中，互联网也掀起了阵阵旋风，“直播”“网红”等新鲜事物层出不穷。在互联网经济的大潮之中，传统的“粉丝经济”发生了变化，在互联网渗透度更高的现实生活中，粉丝们可以更加“接近”自己的偶像，而这种对于偶像的崇拜也可以更为容易地转化为一种消费行为。所以现在的娱乐已经不单单是娱乐了，它已经变成了一种可以拉动经济增长的生产力。

娱乐成为生产力，这也让众多苦于营销无路的企业找到了新的致富途径，同时这一现象的出现，也为不少企业的产品生产提供了新的思路和引导。而在腾讯的发展规划之中，娱乐早已经成为腾讯重要的发展内容，早在 2012 年，腾讯便提出了“泛娱乐”的战略。当具体到产品生产的环节，腾讯也将娱乐化的元素植入其中，而首当其冲的就是腾讯的微信产品。

在微信 5.0 版本中表情商店和游戏功能被添加进来，而在后续的版本更新之中，腾讯宣布微信表情商店对所有艺术家开放，同时允许设计师自行设计微信表情并进行投稿，而一旦设计师所设计的表情被采用，数亿用户便可以在微信表情商店中下载并使用这一表情。

微信对设计师开放表情商店在为设计师带去利益的同时，无疑也是增加自身营收的一种方法。腾讯对于原创表情投稿的审核采取的是普通审核，只要通过审核就能够上线，而且不设截稿时间，长期接受投稿，最终按照下载量来决定精选表情，这种相对公平的方式也吸引了大批设计师的加入。

腾讯通过这种方式为微信的表情商店增添了许多具有新意的表情内容，从最初的依靠企业生产内容发展到了向社会征集内容，这种“举全民之力”的方式，大大增加了微信表情的普及推广程度，而不断涌现的创意表情也让微信表情商店更加充满生机和活力。

腾讯之所以如此重视微信表情，其主要考虑的还是用户的沟通体验。我们可以试想一个这样的场景：当我们在微信之中和朋友聊天时，当我们需要用到“谢谢”“不客气”“你真好”“我爱你”等词汇的时候，如果我们单纯地通过输入文字来表达的话，对方可能无法从这短短的几个字中感受到我们的情感。但如果将这些词配上一些动态的表情的话，那么对方便可以很好地感受到我们在这些词语之中寄托的感情了。

可能每一个使用微信的人最直观的体验就是在每年的过年时，在微信对话框中朋友发来一个个可爱的表情，每一个表情都以不同的形式表达出向对方要红包的意愿，很多时候使用表情替代语言和文字，可能会获得更加良好的效果。我国最初的象形文字就是一种图画文字，我们虽然没有学习过象形文字，但却依然可以辨别出许多象形文字的意义。

Facebook 曾经做过一项调查研究，主要是分析用户和内容之间的一些反应和关系。最终研究结果发现，当用户看到很多积极正面的内容时，他的情绪和行为也会变得更加积极和正面。而当一个用户看到很多负面的东西时，他的情绪和行为就会变得偏负面一些。在腾讯看来，微信并不仅仅是一个通讯工具，腾讯的最终目的是希望微信能够真正地融入人们的生活中，成为人们的一种生活方式，同时不断地带给用户正面快乐的生活体验。而微信表情的出现正是这一思想的具体实践。

在为用户带去快乐的道路上，腾讯始终在探索着更多的可能性。用户对于移动游戏的热衷，让腾讯看到了发展移动游戏的希望。在 2013 年全球移动互联网大会上，腾讯宣布推出“腾讯移动游戏平台”。为了能够更好地把控平台之上游戏的质量，降低低劣游戏对于移动平台的负面影响，腾讯移动游戏平台始终坚持着精品路线游戏为主的发展战略，致力于为用户提供更好的游戏体验，同时增强用户对于平台的黏性，扩大自身平台的影响力。

腾讯移动游戏平台中的游戏种类丰富，涵盖了益智类、策略类、棋牌类和动作舞蹈、RPG 等多种不同的类型，腾讯希望能够全方位地覆盖市场之中的游戏类型，从而最大限度地满足更多用户的使用需求。现在的腾讯移动游戏平台正在变得越来越开放，越来越多的第三方游戏也将登录到平台之中，这对于满足用户需求、提升平台价值具有重要的意义。

其实不论是微信表情还是移动游戏，腾讯的这些举措都是在“泛娱乐”战略的指导下进行的。面对着社会环境娱乐化趋势不断加剧，腾讯在紧跟用户需求的同时不断推进“泛娱乐”战略布局，市场中的每一处“风吹草动”都将成为腾讯眼中的机遇。在坚持用户为本的基础上不断地“耍一些小手段”，是腾讯始终能够坐拥庞大用户流量的“一招妙棋”。

腾讯便签：

在不断分析用户需求的同时，关注市场形势的变化，在细微之处发现有益于企业发展的关键点，借助自身的平台优势完成产品转化，这是腾讯增加用户黏性的重要手段。

## <<< 第七章

# 流量与数据，最核心的竞争力

# 小流量成就大商机

在互联网行业中，互联网企业通过生产产品来获得经济效益，而互联网企业经济效益的获得首先需要经历一个重要的环节，那就是获得流量，只有获得了市场流量，企业才能将获得流量带来的红利。有人说，互联网领域的生意，从本质上来讲就是流量的生意，谁掌握了流量，谁就能够获得市场。

互联网企业的生意，实质上就是不断地获取流量，并将流量转化为货币的过程。而在这一过程中，互联网企业在本质上所追求的就是将流量最大化的问题，只有将小流量的价值不断扩大，企业才能够获得更多的经济效益。虽然流量从整体上来说并没有太大的差别，但在流量与流量之间还是会存在着比较明显的价值差异，这也正是门户网站之中图片广告和文字广告价格不同的原因。

如何让流量在不同的位置、用不同的方式来实现价值的最大化，这也成为影响企业未来发展的重要因素。而不断将流量价值扩大化，也正是腾讯能够成功的关键所在。QQ 空间的信息流广告，微信朋友圈和公众号中的信息流广告，腾讯网首页和推送的广告都是腾讯利用流量的重要举措。这种信息流广告最早始于 Facebook，现在已经广泛地应用到了微博和 QQ、微信等社交产品之中。

腾讯自发展初期开始，便拥有着庞大的用户流量，但在最初时期，腾讯的这种流量并没有被有效地利用起来，流量的不断增加甚至将腾讯险些逼入绝境。随着QQ的用户规模不断扩大，QQ的服务器必须不断扩容，而服务器的扩容和维护成为腾讯早期最为“烧钱”的工作，当时的腾讯资金紧张，濒临倒闭，马化腾甚至曾经想到要卖掉QQ。但当他从市场发展的角度仔细思考过后，他毅然决定继续将这个“烧钱”的流量老虎养下去。

随后的市场发展证明了马化腾的眼光，QQ成为腾讯最为重要的社交平台，拥有着大量的用户流量，这成为腾讯不断发展壮大的重要基石。而微信的出现则为腾讯提供了另一大流量入口，腾讯继续累积着自己的流量优势，并且不断地扩大着这些流量的价值。

在社交网络广告方面的创新是腾讯将流量货币化的最主要手段，这也是腾讯的社交广告区别于传统广告的原因所在。运用互联网思维将社交的观念发展到极致，QQ空间的信息流广告则是腾讯最早的一种尝试，微信在其朋友圈和公众号中的广告尝试正是这一思维的重要体现。

微信流量资源和QQ空间是腾讯最主要的流量获取来源。而广点通在微信之中的尝试则为腾讯带来了许多广告主的关注。微信和广点通的公众号广告在2014年2月开始内侧，在微信刚刚兴起之时，为了不影响用户的使用体验，腾讯曾尝试在公众账号上开放14个字的灰色文字链。经过了一段时间的测试之后，良好的效果让许多广告主纷纷加入其中，这也让腾讯开始放心在微信中继续推广这种广告模式。

到了下半年，电商广告开始在微信上活跃起来，恰逢“双十一”电商营销旺季，越来越多的电商品牌加入到微信公众号广告中。在微信早期的测试之中，微信仅仅开放了一两百个公众账号，随着测试数据的不断积累和自身算法的不断优化，腾讯逐渐放开了对于公众号的限制，并且推出了企业服务号专门用于企业的营销宣传。

我国互联网广告的发展大致经历了三个阶段。第一个阶段是新浪、搜狐等门户网站的 Banner 广告图，在这一阶段之中，对于用户而言，不管喜欢与否，当他们登录门户网站时，这些广告都会出现在他们的面前；第二个阶段是搜索时代，也就是百度的广告模式，当用户在有需要的时候，通过搜索可以看到相应的广告；而第三个阶段则是从用户角度出发的一种广告模式，根据用户的需求，广告将会在合适的时间和位置展示出来，当用户对于广告有兴趣时，可以通过点击进入广告的详情介绍中。

很多人将第三阶段的广告定义为“效果广告”，前文所提到的腾讯的广点通正是这种“效果广告”的代表。作为腾讯内部的闭环生态广告系统，腾讯在推出开放平台的同时，为自己的游戏提供 QQ 空间的广告位。而随着市场的不断发展，许多外部商家对于腾讯内部的流量表现出了极大的热情，广点通便逐步开始向外开放流量。现在广点通的广告资源已经扩大到了腾讯产品体系内的许多产品之中，并且已经拥有了超百亿的流量。而随着腾讯入股京东、58 同城和滴滴，腾讯自身的流量将进一步释放出来。这一系列的过程也正是腾讯将流量货币化的过程，通过接入广点通，腾讯内部资源的价值能够很好地量化到数据上，而对于腾讯所对于开放给投资企业的流量资源也能够很好地转换为实际的价值来计算。

从最初的流量危机到现在的流量商机，腾讯经历了一个过山车式的发展过程，通过自身社交产品积聚大量的用户流量，然后再将流量的价值最大化，从而获得经济效益，腾讯已经形成了一套相对成熟的商业模式。但随着互联网经济的飞速发展，市场之中的供求关系发生了明显的改变，用户流量越来越分散，旧有的单纯依靠流量获取经济效益的方式已经无法再适用下去，每一个企业都需要考虑新的广告模式来继续利用流量为企业获得盈利。

腾讯便签：

流量作为企业在市场竞争之中的重要砝码，对于企业的生存和发展具有重大的影响作用，腾讯帝国的基石就是其庞大的用户流量。但在移动互联网时代的今天，流量的优势已经开始慢慢消失，寻找新的企业竞争的核心点成为摆在互联网企业面前的重要课题。

## 免费策略：量变终成质变

“互联网时代，免费的生意会是最好的生意。”当马化腾说出这样的话时，相信大多数人都会觉得：马化腾这个人又疯了。没有利润的生意，那些“唯利是图”的商人怎么可能会去做？

然而当我们进入“互联网+”时代时，免费的生意真的成为一种潮流，这又颠覆了人们对于商业的传统观念。而在这种颠覆的形势下，马化腾和他的腾讯又一次走到了时代前面。

使用智能手机的中国人，几乎没有人会忽略掉微信，作为腾讯公司为智能手机研发的社交软件，微信所带给我们的绝非是一个手机版的QQ那么简单。

像QQ一样发起即时会话，这是微信带给我们最基本的功能，当这个功能出现时，手机短信便走入了历史。微信会话是完全免费的，从安装到使用不用花一分钱，较之于动辄一毛钱一条的短信，这种免费的方式无疑更让消费者满意。

不久之后，微信又推出了语音通话服务，这项服务同样也是免费的。与此同时，通信公司还坚持着的异地通话、漫游费等无疑就显得太过贪婪，而当微信可视通话服务出现之后，这种免费的服务已经可以做到完全替代手机卡的通讯功能了。

微信朋友圈，这是另一个让消费者非常满意的免费服务。通过朋友圈，用户可以与好友分享自己的生活和经历，它有点类似于微博和博客，但不同的是，手机是人随身携带的，因而微信朋友圈的信息更新是最及时的。这也就导致微信朋友圈衍生了另一个新的服务——微商。

很多人都好奇，为什么自己的朋友圈里面一夜之间多了那么多的微信商人，他们靠朋友圈转发商品的信息进行营销，通过朋友之间的转发缔造影响力。微商的出现让很多商品流行起来，也给很多微信的使用者提供了便利（当然，也许还有烦恼）。而微商出现的根源就在于，微信的信息是即时更新的，且微信带有即时交流的功能，只要信息的用户感兴趣，随时可以进行进一步的咨询。而且，微信朋友圈的服务是完全免费的，微商们不必为自己的营销行为负担任何成本。

微信公众号服务有些类似于微信中的大V和博客的结合体，但当微信公众号引入诸如水电公司、暖气公司、宽带互联网公司，等等，一切就都变得不一样了。微信用户可以通过订阅这些公众号进行各种生活费用的缴纳，而且即时缴纳即时到账。

读者可以想象一个场景：当你晚上一个人在家的时候，家里突然停电了——电表里没有电。这时你有两个选择，一是穿好衣服下楼去充电卡，如果碰巧你附近没有可以充值的银行，那么你就只好到几个街区之外去，然后拖着疲惫的身体再回来；二是你干脆不充，那么你就只能在漆黑中度过一个夜晚。但是，微信缴费业务为你提供了第三个也是最好的一个选择，你只需要打开微信找到电力公司的公众号，就可以完成电卡的充值。对于能熟练使用微信的人来说，整个过程不超过三十秒钟，你的一切麻烦就这样解决了，而且更加关键的是，这样“便民”的服务也是免费的。

除了这样能够改善我们生活的功能，微信还有各种各样的小创意，它们都共有一个特点，那就是不需要花费用户哪怕一分钱。而且，微信不但不需要用户花钱，有些时候还会给反过来给用户钱。

2015 年春节联欢晚会现场，微信团队出巨资与中央电视台春晚栏目联手推出了“微信摇一摇互动”项目，在春节联欢晚会播出时，微信用户只要开通微信钱包，然后再晃动手中的手机，就能够获得春晚和腾讯公司派发的祝福和红包。

“看春晚，摇红包”一时间成为当时最热门的词汇，在除夕夜当天，微信红包总收发量达超过了 10 亿次，央视春晚微信摇一摇互动总量达到了 110 亿次，峰值时达到了惊人的 8.1 亿次 / 分钟，仅除夕夜一晚，腾讯公司就派发出了数亿元的红包。

就像我们所说的那样，作为一家商业机构，微信的出发点一定是为了利润，但以上这些服务全部都是免费的，微信用户不会给微信哪怕一分钱的营业收入，那么微信的利润从何而来呢？

其实，这个问题的答案很简单，大众在使用微信的时候，为了更加便捷，往往会开通微信钱包。譬如大众想用微信充值话费，首先要确保微信钱包里有钱，大众要收发微信红包，也要开通微信钱包。

微信钱包里面的钱当然还是用户自己的，但当用户把钱存进微信钱包中，就代表着给予微信一个现金储备，数以亿计的用户为微信提供了大量的现金流，让微信拥有很多金融机构都无法望其项背的金融储备，微信可以利用这些钱从事低风险的资金投资和拆借，而这当中就存在着巨大的利润。

2015年微信报告显示，微信的支付用户已经超过4亿人，我们假设这4亿人每人向微信钱包里面存放100元，加在一起也是400亿人民币，即便按照最低的投资利率（同时意味着风险最小），每天也是一大笔收入。

微信切切实实地从免费的生意当中赚到了大钱，这向我们说明了什么呢？那就是在当下的商业体系中，人是最重要的资源，只要有了人，就不用为利润犯愁。这再次向我们证明了草根大众的力量，草根大众是互联网时代的商业主导，草根大众喜欢谁，就可以将谁推向商业的顶峰。以免费的模式获取成功，从本质上就是对于草根大众的一种迎合和讨好。

如果将时针拨回到二十年前，用户们绝不可能想象免费就能够得到某些服务，甚至在十年之前，当免费的东西出现在用户面前时，他们也会下意识地产生警惕和怀疑。但是今天，他们已经可以安然地享受这些免费的服务了。因为像腾讯这样的企业明白，用户有决定企业生死的权力，免费是笼络用户的手段。

从腾讯的角度讲，免费的微信虽然不能够直接带来利润，但却也让自己的利润方式变得更加多样化，在一些看似不可能创造巨额利润的商业领域，真实地掘出了宝藏。

心理学家认为，社会大众总是倾向于低估商品和服务的价值，因此，企业为了迎合这种心理，最好以一个较低的价格（低于用户的心理预期）开始，先把用户请进商业模式中来，然后当用户意识到这种商品和服务的价值之后，再想着赚钱。

当然，大商业背景下的免费模式并不意味着绝对的“0消费”，对于商业而言，“0消费”创造利润的领域毕竟有限，免费的另一种模式是通过那些明显物超所值的商品和服务吸引大众群体，然后再想办法创造利润。

免费模式下，腾讯走到了前面，而如何更好地运用这种模式为企业创造利益，正是创业者应该像腾讯学习的地方。

腾讯便签：

互联网时代是真正的大众时代，互联网时代的商业奇迹，必须有大众的参与才能够出现。而互联网时代的企业，就是想办法让大众参与到自己的商业模式上来，为了达到这个目的，免费的服务也不是不可以的。

## 逝去的流量思维与移动互联网的新机会

在互联网行业之中，“流量为王”一直是互联网企业所遵循的金规玉律。在互联网发展的初期，门户网站成为流量的最主要入口，也成为互联网最初的摇钱树。而随着搜索引擎的出现，新的流量入口开始崛起，百度花费巨资收购 Hao123 网址导航，就是为了能够将流量入口牢牢地掌握在自己的手中。而社交平台的发展为用户打开了一扇新的大门，大量的用户开始涌入社交软件平台中，一时间，社交平台成为最大的流量占有者。

在传统的互联网思维模式中，通过控制和引导流量来扩大流量价值的最大化成为企业追求经济效益的重要手段。可以说，一个企业掌握流量的多少也就代表着企业的用户规模和市场影响力能有多少。但随着互联网经济的不断发展，移动互联网时代流量对于企业的影响力开始逐渐减弱，企业获取流量的难度也开始不断增大，而这些现象的具体表现则是互联网线上广告的效果越来越差。

微信公众号的出现成为新时代流量变现的重要途径，但经过了一段繁荣时期之后，微信公众号正面临着浏览量大幅下降的窘境，甚至有的公众号在粉丝数量持续增长的情况下，出现了阅读量不断下降的尴尬情况。而阅读量下降所带来的，就是公众号广告效果的下降，其中自媒体的电商销售也受到了极大的影响。

这种现象并不只是出现在微信公众号上，电商平台、新闻媒体、移动应用客户端等都出现了这类现象，好像是在一瞬间市场上的流量消失了。事实上这种流量下降的情况并不是由于用户流量消失造成的，从整体上看，移动互联网的总流量还在不断地上升。对于这种现象我们需要从流量的本质入手去了解其中的问题所在。

互联网中的流量并不等同于互联网的用户数量，互联网的流量本质上是互联网用户在网上消耗的时间。打个比方来说，如果将流量量化的话，每个用户每天有 10 个小时上网，那么一个用户一天提供的流量就是 $1\times10$ 单位的流量，两个人就是 $2\times10$ 单位的流量。从这个算法中我们可以看到，无论是互联网用户增长，还是用户每天使用互联网时间增长，那么从结果上来看，流量都会出现增长。

其实详细了解一下近几年来我国互联网用户的发展趋势，我们就能发现，中国的移动互联网用户的增长率是在不断下降的。那么为什么近几年互联网的总流量还会不断地增加呢？原因则在于用户每天使用互联网的时间在不断地增长，由于互联网提速降费、无线技术逐步普及、4G 网络的开放，用户花费在互联网上的时间不降反升，从而导致了它与用户数的乘数，也就使互联网流量的值始终处于增长状态。

而到了今天，互联网的普及程度逐步加深，互联网用户的增速进一步放缓，每个用户的每天使用互联网的时间毕竟是有限的，虽然会增长，但并不会一味地增长下去，所以从整体上看，互联网流量的增长开始出现了停滞，甚至是倒退的现象。

有人将互联网流量比喻成一个池塘，而互联网企业和产品就像是这个池塘中的鱼，开始的时候这个池塘中有一些水，足够这些鱼儿生长和发展。但随着越来越多的鱼儿涌入这个池塘中，水就显得不够用了，而这个池塘原本有一个进水阀门，这个阀门不断地往池子之中放水。对于新进入池塘中的鱼，它们因为没有生存的地盘，就开始去阀门处接水，越来越多的鱼进入这个池塘中抢水，而这时恰恰进水的阀门又出了问题，越来越多的鱼开始争夺有限的水源，结果就是这个池塘的生存环境越来越差，无论是新来的鱼还是最初的鱼，它们都必须寻找一条新的出路，以避免继续让自己的生存环境恶化下去。

可以说现在中国的互联网市场正面临着这样的情况，互联网流量市场从最初的增量市场转向存量市场，市场中的互联网企业需要用尽办法去争夺数量有限的用户资源，可以说传统的流量思维已经不再适应新的互联网市场大环境了，互联网企业必须为自己未来的发展寻找一条新的道路。

其实，在西方的互联网发展过程中，这一现象也是不可避免的，而在这一方面，Facebook 的很多做法对于中国的互联网企业具有很好的指导作用。Facebook 非常注重用户的使用体验，它在处理自己的互联网广告时，采用信息流广告的方式，将广告内容本身对用户的影响降低到最小，而这一切都是为了企业品牌影响力的塑造。Facebook 现在在做的是通过分析各种社交数据源，将用户所感兴趣的内容推荐给用户，从而让广告变得更加像是一种信息。

可以说旧有的流量思维开始失去光彩，以用户体验为核心的社交营销才是适合新时代的互联网发展趋势的营销手段。拥有着中国最大社交平台的腾讯，则首当其冲的将社交营销应用到了自己的产品宣传中。微信朋友圈中的广告，独具匠心的把被宣传的产品进行精美的艺术包装，采用这种方式去打动用户，从而在微信的用户群之中形成一种口耳相传的口碑传播，在产品宣传的同时也增加了平台的内容魅力，可以说是一种双赢的营销方式。

而作为服务用户的社交平台，微信和QQ正在朝着越来越简单的方向发展，内容的简单化以及使用的简单化成为腾讯社交平台的重要特征。对于现在的腾讯来说，坐拥庞大的用户流量平台，如果再继续用以往的流量思维作为主要的商业运营模式的话，那么它将会一步步失去对于原有用户的掌握，竞争对手则会通过差异化的竞争来争夺到用户。现在的腾讯把更少地占用用户时间，帮助用户更为高效地完成任务，放在了平台发展的首位。

当用户在一个平台上顺利地满足了自己的需求后，他会将这种感觉传达出去，平台的影响也就会慢慢得到传播。而如果用户长期在平台之上，自身的利益诉求得不到满足，那么用户便会放弃这一平台，毕竟在市场中，可供选择的同类型平台不在少数。

在移动互联网时代，新用户的获取代价高昂，效果却并不明显。对于腾讯而言，更多地开发自身原有的用户资源是其发展的最主要手段。而对于新生企业来说，想要从巨头手中抢夺用户资源的话，就需要在不同的角度和方向上发力，找到自己产品的核心竞争力。但不论是发展新的用户资源还是挖掘已有的用户资源，都需要时刻从用户的使用体验出发，在互联网时代这种要求并不明显，到在移动互联网已经获得极大发展的今天，满足用户多样化的需求已经成为企业经济增长的一个重要基础。

腾讯便签：

在流量思维渐渐失去作用的今天，用户价值成为互联网企业最为重要的行动准则，谁能更好地满足用户多样化的需求，谁就能从激烈的市场竞争之中胜出。可以说“流量为王”的时代已经走到了末路，但“用户为王”的时代却依然充满着生机与活力。

## 当数据成为资源

2015年9月5日，经李克强总理签批，国务院印发的《促进大数据发展行动纲要》，对于大数据的发展工作做了系统化的部署。由于互联网技术和社会经济的不断发展，数据也出现了迅猛的增长，并且已经成为国家级基础性的战略资源。

《行动纲要》中部署了多项大数据研发工作，并明确提出了“推动大数据发展和应用，在未来5至10年打造精准治理、多方协作的社会治理新模式，建立运行平稳、安全高效的经济运行新机制，构建以人为本、惠及全民的民生服务新体系，开启大众创业、万众创新的创新驱动新格局，培育高端智能、新兴繁荣的产业发展新生态。”

对于我国大数据产业的发展前景，国务院总理李克强强调：“中国是人口大国和信息应用大国，拥有海量数据资源，发展大数据产业空间无限。数据是基础性资源，也是重要生产力。大数据与云计算、物联网等新技术相结合，正在迅疾并将日益深刻地改变人们生产生活方式，‘互联网+’对提升产业乃至国家综合竞争力将会发挥关键的作用。”

随着互联网之中的数据不断增多，大数据已经渐渐上升成为一种国家级别的战略资源。虽然已经上升到了国家战略资源的层面之上，但对于普通用户来说，“大数据”的概念并不十分清晰。其实，数据就像我们身边的水、空气、树木一样，它就是一种抽象的资源，时刻存在于我们的身边。我们每次点击鼠标，每次敲打键盘，都涉及数据的生成。每一个互联网的用户都是数据的生产者，同时也是数据的消费者。

从国家的角度来说，“大数据”不仅是一场技术领域的革命，一场经济方面的变革，更是一场国家治理的变革。在大数据时代，互联网成为政府重要的施政平台，通过电子政务系统，政府可以实现在线服务功能，对于及时解决民众遇到的问题，提高处理问题的效率具有重要的作用。

而对于企业而言，这些“大数据”就和企业的产品、员工和物质材料一样，都可以为企业创造出价值，企业通过对用户数据的分析，从中寻找出对于企业来说具有价值的方面。而随着科学技术的不断发展，对于数据的分析也更加准确和精细，通过这些大数据可以增加企业在市场运营和决策中的准确性和高效性，减少因为对于市场认知不足而造成的企业利益减少等问题。

“大数据”主要是通过大数据技术和新处理模式从数据中挖掘信息、判断趋势、提高效益，从而具有更强的决策力、洞察力和流程优化能力的一种海量的、高增长和多样化的数据资产。在我国的互联网企业之中，腾讯、百度、阿里三大企业对于大数据领域早有涉足，并且已经深耕布局多年，虽然三家巨头企业的发展方向和核心产品存在着很大的差异，但他们无一例外地都将“大数据”研究作为企业的一个重要业务板块，从这一点也可以看出“大数据”的重要价值。

百度在搜索领域一家独大，而在大数据领域之中，百度搜索引擎的数据搜索能力也是十分强大的。当用户在搜索引擎之中搜索关键词时，搜索引擎会记录下这一行为，然后用户在下一次使用搜索功能的时候就会出现一些之前搜索的相关内容的广告。这正是百度将大数据分析能力运用到自身的精准广告中，在为用户提供自身所需的互联网内容的同时满足广告主的广告投放需求，从而获取经济效益的重要方式。

对于阿里巴巴来说，大数据分析能力无疑是其最为重要也最为核心的能力。面对着几亿用户生产出来的数据，阿里巴巴推出了自己的云计算工具来处理庞大的数据信息。可以说对于消费数据的积累，阿里巴巴有着得天独厚的优势，甚至在全球范围内几乎没有一家公司可以与其相比。而阿里巴巴的云计算能力也同样处于同行业中的领先地位。阿里巴巴对于大数据的应用另一方面在于当用户在使用淘宝搜索物品时，后台会记录用户的行为数据，通过对于用户多次操作行为的分析从而预测出用户对于产品的偏好，然后在用户再次使用软件时，会向用户推荐一些同类型的爆款产品，在节省用户时间的同时提高交易的成交量。

相对而言，腾讯在大数据领域的风头似乎没有前面两家企业那么强劲，但这并不是说，腾讯在大数据领域做得比百度和阿里要差。恰恰相反，腾讯在大数据领域的研究反而更加全面，更像是一种系统化的工作。腾讯拥有着社交数据、消费数据、游戏数据等许多方面的大数据信息，这也得益于腾讯自身全面的产品体系，以及其庞大的用户基数。

对于社交数据的分析可以说是腾讯最为擅长的领域，依靠社交软件起家的腾讯十分重视用户社交行为的分析。而在游戏领域和消费领域，腾讯的数据分析更加趋于一致化，因为腾讯用户的消费主要也是集中在游戏和增值服务之上。从腾讯的大数据分析中我们可以看出，腾讯对于大数据的运用主要是在于不断完善自身的产品，通过大数据分析用户行为习惯和个人爱好，从结果之中预测出大多数用户所需求的产品，从而为自身的产品生产提供更加有效的数据支持，生产出更多的能够被用户喜爱的产品，这也正是腾讯产品实力强大的原因。

由于腾讯的产品线业务众多，大量的用户每天都会产生令人难以想象的数据存量，而随着传统互联网业务发展速度减缓，在移动互联网时代越来越追求高效化的今天，腾讯对于大数据的分析和研究表现出了前所未有的重视程度，正是在这种背景之下，腾讯推出了自己的大数据平台。

腾讯大数据平台拥有四个主要的核心模块：TDW（Tencent distributed Data Warehouse）、TRC（Tencent Real-time Computing）、TDBank（Tencent Data Bank）和 Gaia。其中 TDW 是用来做批量离线计算的，TRC 主要负责做流式的实时计算，TDBank 则作为统一的数据采集入口，最底层的 Gaia 则负责整个集群的资源调度和管理工作。

通过这几大基础平台的协同工作，腾讯打造出了许多数据产品和数据分析服务，包括信息的精准推荐、实时的多维分析和秒级监控等内容。在这些内容之外，腾讯的大数据研究还在对其他不同类型的数据产品和服务进行研发和探索。同时腾讯还将通过 TOD（Tencent Open Data）产品对第三方开发者开放腾讯大数据平台的各种能力和服务。

不仅是腾讯、阿里和百度三家互联网巨头企业，许多其他互联网企业也在争夺这份新出现的资源。虽然从目前来看，大数据的内容将会不断产生，并且具有无穷无尽的可供开采的能力，但这并不代表这种大数据资源最终不会走向枯竭。所以尽早地掌握更多的大数据信息，并且在不断分析研究之后，将其运用到自身的企业发展中，对于每一个企业来说都是至关重要的。

腾讯便签：

“大数据”成为一种新兴的资源，无论对于国家、企业，还是个人都具有重要的意义。强大的技术实力是大数据研究的基础条件，对于互联网企业来说，这一充满未知的神秘海洋将成为下一场“商业战争”的主战场。

## 小企业，大数据

世界互联网的历史发展到今天，经历了许多不同的阶段。从最初的互联网时代，到移动互联网时代，再到物联网和云计算，人工智能技术的兴起又带来了大数据时代的勃兴。不同的时代互联网企业有着不同的商业模式，新时代的出现往往会颠覆旧有的商业模式，为企业的生存和发展带来重重考验和困难，而同时在新时代中又有着新的机遇等待着被发掘。

大数据的出现正是新时代的一个重要机遇。大数据技术可以将海量的碎片化的数据在一定时间内完成筛选和分析，并将结果整理成为有用的资讯信息，从而帮助使用者完成决策。通过大数据企业的决策者可以迅速准确地把握市场之中用户需求的变化，引导他们做出最为合理的企业市场决策，从而为企业增强竞争能力和创新实力。

对于各行各业来说，大数据都是十分重要的。但当在面对海量的数据信息时，却只有少部分大企业能够处理。这些大企业一般拥有着庞大的用户流量、丰富的资金支持和强大的技术实力，通过聘请相关的行业专家，构建完善的大数据平台，从而不断发掘出大数据的潜在价值。

在我国的互联网市场之中，腾讯便是研究和发展大数据平台的佼佼者。凭借自身庞大的用户基数，腾讯拥有着大数据研究的先天优势。通过大数据平台的搭建，腾讯形成了一套行之有效的大数据分析研究方法。虽然对于大数据的研究，腾讯还在进一步深化之中，但很多大数据的研究成果已经应用到了腾讯产品的实际操作中。

《英雄联盟》是腾讯的一款核心游戏产品。在《英雄联盟》游戏中有英雄角色、英雄皮肤、商品价格等许多不同的项目，腾讯需要经常性地维护这些项目，来提高游戏用户的使用体验。而对于游戏中这些项目属性的调整并不是随意而为的，在这之中，大数据分析充当了重要的角色。通过对于游戏内数据的分析搭建出合理的数据模型，继而从商业角度去分析其操作的可行性，并为决策部门提供准确的数据支持。

《英雄联盟》中拥有着100多种英雄，并且这一数目还在持续增加，每一个英雄都需要经过形象设计、故事包装、皮肤定制等过程，如果哪些英雄用户的使用频率较高，哪些英雄的个人数据影响了游戏的平衡性，腾讯都需要对其做出调整。这时大数据分析通过研究海量的用户数据，可以预测出用户的游戏偏好，从而根据数据结果对各个英雄做出调整。

从上面的例子我们可以看到，腾讯将自己的大数据分析能力运用到简单的游戏运营之中，在不断完善用户体验的同时更好地扩大了游戏产品的影响力，这正是大数据为企业带来的重要变化。可能很多人认为腾讯强大的企业实力决定了它能够十分高效地利用大数据产生的红利，相对于中小企业来说，这是腾讯的固有优势。而中小企业在面对大数据时，根本没有能力去进行相关方面的研究，更不要说去分析应用了。

的确，在现在的互联网市场之中，大数据分析对于许多企业来说还只存在于理论规划之中，无论是从海量数据的获取，还是大数据的分析应用方面都存在着一定的困难。但这并不代表中小企业在这场大数据革命之中找不到自己的一席之地，中小企业完全可以享受大数据时代所带来的红利，只不过在方法上要与大企业之间存在着许多的不同。

首先，中小企业在大数据时代第一要追求的并不是大量的用户数据，而是要首先具备大数据思维，通过在自身行业领域中为用户提供更多个性化的服务来不断积累自身的数据资产。在现在的互联网市场之中，原有的用户增量市场已经不复存在，企业想要获得更多的用户数据，就需要在用户存量市场之中发力，通过提供不同于其他企业的差异化的服务来吸引更多的用户。

阿里巴巴在电子商务领域拥有庞大的用户数据积累，但它也并不能够将所有用户全部拉拢到自己的电商网站之中，许多小规模的电商企业仍然在不断向前发展，并且经常会从阿里的手中抢夺到优质的用户数据。这些小的电商企业正是通过差异化的服务为用户提供更好的电商购物体验，从而不断积累自身的用户数据的，这一点是十分值得其他行业中的小企业学习的。

其次，一些小企业规模有限，资金实力也不足，所以在这一阶段完全不需要去考虑建立自己的大数据分析平台。即使是有了一定规模，资金方面相对充足的企业也不必急于去花费大量资金和精力去建立自己的数据分析平台。相反，他们需要做的更多的是将资金和精力放在潜在客户的开发上，而将数据分析平台的开发外包给具有专业技术实力的企业，或者选择背靠大企业的数据分析平台，来进行自身用户数据的分析工作。

近年来，许多大企业都已经将自己的大数据平台开放，用于帮助小企业应对数据问题，Google、微软、Facebook 都已经推出了这些方面的服务，在我国，腾讯也正在逐步开放自己的大数据平台。这些改变对于中小企业的大数据分析来说，无疑是具有重要意义的。同时，随着国家政策对于大数据领域的关注，国家也将出台相应的政策来扶持大数据技术的发展，这也将为中小企业在大数据技术分析方面提供重要的支持。

最后，相对于大型企业来说，小企业在市场行动方面具有快速灵活的优势，从决策的制定到下达执行的中间环节较少，能够更快地将决策转化为市场行动。所以小企业如何智能化、结构化的执行数据战略，将成为小企业在大数据方面追赶大型企业的关键。

从上面的分析中可以看出，小企业在大数据时代同样拥有发展的机会，面对大数据，小企业需要通过差异化的服务来积累更多的用户数据，并从庞大的数据中分析出有价值的信息，从而应用到企业的发展规划中。大数据思维是小企业在大数据时代持续发展的关键所在。

腾讯便签：

对于小企业来说，无法拥有腾讯强大的数据分析能力，却必须要具有腾讯所拥有的大数据思维。不能因为企业实力的暂时不足而忽略这一新时代的发展机遇，用大数据思维来指导企业的发展，对于小企业具有重要的意义。

## 大数据时代如何管理，如何变革

大数据时代的到来不仅改变了政府的许多决策模式，更对各种旧有的商业模式造成了冲击。大数据影响着每一个人的消费习惯和行为，引领着人们思维方式的转变。在大数据时代中，人们发现了隐藏在数据背后的价值，很多事情可以通过数据来得出更为精确的结果。对于日益分散的用户需求，大数据分析可以将这些需求进行整合，并为企业提供更为精确的营销指导，从而让企业的营销活动可以获得更好的效果。

但大数据时代，机遇与挑战是同时存在的，无论是传统企业还是互联网企业，其固有的商业模式都将会受到严苛的考验。即使是如腾讯一般积累了庞大的用户数据的企业同样，可能被更加善于利用大数据的企业所打败。在当今的互联网时代中，每天都会产生大量的数据信息，无数的数据产生，无数的数据被收集整理，并加以分析。数据已经和企业的人力资源、固定资产一样成为一种企业经营发展之中的重要资源，随着对于大数据价值的深入挖掘，市场之中必将掀起一场商业模式和决策制定的管理变革。

大数据对于企业发展的影响必将是深远的，它的影响力将会渗透到企业发展的每一个细节中，作为企业的管理者，首先要具备大数据思维模式，通过这种思维来变革企业的管理模式。大数据时代企业不仅需要掌握更多的优质数据，同时还要架构起先进的管理体系来有效地运用大数据为企业和用户服务。

通过大数据分析用户的行为习惯可以更为精确地指导决策者制定企业的发展规划，但并不是说，大数据的出现将会削弱企业管理者自身的作用。恰恰相反，在大数据时代，一个企业更需要那些能够洞察市场先机，具有创新思维的领导者。同时在大数据时代，领导者还应该敢于变革企业的管理决策，果断地改变旧有的不适用于大数据时代的企业发展模式。

在大数据时代，个性化的商业服务将成为企业在市场竞争之中的关键，也是企业发展的最终方向。而大数据为个性化的商业服务提供了有力的支持，通过分析用户的消费需求以及偏好数据，从而为企业分析出不同用户的个性化需求，而企业可以根据数据分析的结果，推出符合用户需求的个性化产品和服务。

数据技术人才也将成为企业争夺的焦点，在大数据时代，技术人员的价值将会得到展现。企业应该培养和发掘优秀的数据技术人员，不仅需要培养单纯的技术人员，更多的是要让技术人员更好地掌握清理和组织大型数据的能力，同时培养他们的商业能力，最终帮助领导者从数据的角度解决企业在商业发展进程中遇到了困难和挑战。

想要真正地发掘大数据的价值，就需要企业通过大数据思维，寻找到一种更为有效的数据使用方式，这要比单纯的挖掘数据资源要重要得多。腾讯在用户数据资源方面具有巨大的先天优势，相较于其他企业来说，腾讯会节省许多搜集用户数据信息的时间。而从腾讯的战略规划之中也可以看出，整合和应用数据信息成为腾讯大数据发展的重点所在。

腾讯通过收购 Discuz 解决了使用 QQ 账号登录国内大多数论坛的问题，为用户省掉了注册账号的麻烦。同时通过与一些主流网站间的合作，通过授权的方式，使得用户可以通过 QQ 账号登录一些主流网站。通过这些举措，腾讯成功实现了与这些网站的用户数据共享，腾讯在深度整合平台用户信息方面走出了重要一步。

在微信支付中，也为用户提供了多种不同方式的生活服务，包括手机充值、生活缴费、信用卡还款等内容，通过对这些涉及用户日常生活的数据信息的整合，腾讯可以更好地进行用户的行为分析，从而得出更加精准的分析数据，用来指导商业实践的展开。

大数据思维除了将影响到企业的管理决策和产品开发外，对于企业的组织结构也将产生重要的影响。对于绩效考核、人力资源等企业内部的问题，运用大数据分析，同样可以得到一种优化的解决方案，这也是企业在大数据时代变革管理模式的一个重要方面。

大数据时代所带来的商业价值，成为企业变革管理和商业模式的主要动力，对于企业来说，大数据既是机遇，也是挑战。面对机遇主动发挥优势，不断创新商业模式，从而获得长远的经济效益的增长。面对挑战就需要在不断加深技术和资金投入的同时，重视技术人才在大数据生产之中的重要作用，转换企业的思维模式，优化企业的管理和组织结构，有效地利用大数据，从而发掘出其中所蕴含的商业价值，在瞬息万变的市场之中不断发展壮大。

腾讯便签：

企业变革管理模式除了要顺应时代的要求外，还应该充分考虑企业自身的发展现状，只有适合自己的发展模式才是最为高效的发展模式，抓住大数据时代的机遇，主动求变，是企业在大数据时代生存发展的关键所在。

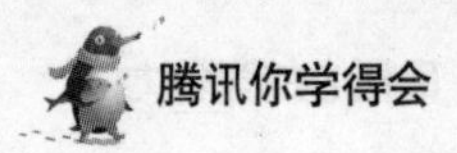

# 云计算时代的战略升级：云跃变

云计算被称为第三代信息时代的革命浪潮，高速发展的云计算正在不断地影响着企业的发展和人们的生活。云计算对于普通民众来说似乎是十分遥远的，但随着互联网的不断发展，越来越多的新概念被提出，而云计算也因为其高效的实用性，正逐渐发展成为 IT 产业新的趋势。在 2016 年的两会上李克强总理更是提到了国家对于云计算应用的鼓励和扶持，作为推动“互联网 +”战略向前发展的基础，云计算已经成为互联网发展的主旋律。

马化腾曾在 2010 年第四届中美互联网论坛上阐述了自己对于云计算的看法。他认为云计算从概念提出到实现，只经历了短短的几年时间，对于云计算每个企业都会有不同的看法，而在腾讯，马化腾认为云计算就是应用公共网络设施对逻辑的组建，并且像水和电一样融入人们的生活中，为用户提供海量的一站式服务，通过云计算，用户可以在任何时间和地点访问任何信息。

中国的云计算市场是一个开放的市场，这其中既有外资云服务商，也有国内的互联网企业，同时还有中国电信和中国移动等基础运营商。企业的云服务主要有市场中的用户需求决定，其中腾讯云的用户已经达到了百万级别，而在 2016 年时，腾讯云核心产品之一的 CDN（Content Delivery Network）已经拥有了超过 10 万的用户。云计算已经成为互联网发展的重要基础，而中国的云计算市场无疑成为世界云服务商的重要目标。

云计算的发展可以分为三个主要阶段。第一阶段是替换服务器和 IDC 的阶段，第二个阶段是取代软件公司和渠道的阶段，第三个阶段则是取代集成公司和咨询公司的阶段。我国现阶段的云计算发展基本处于第一阶段与第二阶段之间。而云计算对于企业的资源整合能力提出了极高的要求，同时对于系统的稳定性和高效性也有着十分严苛的要求，正是因为这种高标准的制约，许多企业并没有能力去发展自己的云战略。与高标准相反的就是云计算巨大的创造价值的能力，也正因如此，我国的互联网巨头企业才纷纷挤入云计算领域之中。而在这其中，腾讯的云战略发展具有极强的代表性。

腾讯在云计算领域投入了大量的人力和物力，建立了庞大的数据中心来对计算提供基础的硬件资源支撑，同时还开发了分布式存储、变形计算来支持云计算平台。2015 年 6 月腾讯启动了“云 +”计划，而在 2016 年 3 月 29 日，腾讯又进行了以“云 + 跃变”为主题的新战略发布，并展示了新的品牌 LOGO。短短一年时间，腾讯云便完成了战略升级，通过重塑企业品牌来使形象更加强有力和更具统一性，这也体现出了腾讯对于云计算的深远布局。

腾讯最初的“云 +”计划是面向云生态的，主要为创业者提供免费的云计算资源和优质流量等服务，腾讯最初投入了超过一亿的资金，用于帮助所有第三方开发者更加方便地使用腾讯云服务，从而共同推动中国“互联网 +”战略的转型和升级。

> 腾讯的 QQ 云为用户提供了一个免下载、免安装的即插即用的平台，从而解决用户所遇到的问题，为用户提供更为完善的云服务体验。同时，QQ 云还可以为用户提供个性化的服务，并且可以被携带到任何一个场景中，通过用户自身的关系网络为用户提供社区化的服务。

在腾讯的云计算平台上，客户可以根据时间场景选择不同的组合形式，也可以将自己的信息同步到每一个终端设备之上，同时在信息的接收和处理的选择上，客户拥有着极大的灵活性。腾讯希望能够营造一个健康开放的生态环境和云计算产业链，QQ 云平台的对于开发者和合作伙伴来说都是开放和透明的。

经过了一年时间的发展，腾讯“云 +”在 2016 年正式升级。对此腾讯公司的副总裁、腾讯云负责人邱岳鹏说：“腾讯本身就是一家云的公司，我们就是云计算的实践者，云计算在这几年赶上了历史的机遇，国家‘互联网 +’战略上升到国家战略层面，云计算到了成长的井喷期，腾讯做云是一开始就有的基因，现在是腾讯云把自己当能力真正开放出来的时候了。”从整个腾讯来看，腾讯云已经从战略储备阶段开始向战略扩张阶段过渡了。

腾讯云首先推出了“云 +CDN”这一强大的技术引擎，CDN 即内容分发网络，互联网用户的不断增加，带动了内容产业的爆发性增长，多媒体内容越来越丰富、移动应用数量成倍数增长、物联网的不断发展，用户流量的爆发性增长对于 CDN 行业提出了更高的要求，同时随着新媒体形式的出现，用户创造内容成为互联网内容的又一新的增长点，这为又为 CDN 带来了巨大的产业需求。

为了应对这一新的变化，腾讯云 CDN 团队经过了一系列的技术攻坚，全面解决了 CDN 所面临的各个方面的问题。从第三方的测速数据中，升级之后的腾讯云 CDN 在速度上领先同行业 30% 以上，其中最高速度甚至能够超越同行业产品 50% 之多。在未来，腾讯还会将腾讯云产品与 CDN 深度融合，进一步优化腾讯云产品的功能性。

腾讯云所推出的第二大技术引擎则是黑石混合云。混合云有别于公有云和私有云，它是随着用户需求的变化而出现的。由于企业的业务形态的变化，单一的云环境已经无法适应新的企业业务发展现状，所以腾讯推出了这一种更加灵活的混合云架构来满足企业的业务需求。

同时，面对日益国际化的市场形势，腾讯推出了自己的出海计划，腾讯希望通过整合优质的资源，为更多的中国企业提供经济、安全的云服务来帮助更多的中国企业进军海外。早在 2015 年，腾讯便启动了北美数据中心，开启了自己全球化布局的开端。

在腾讯最为擅长的游戏领域，为了满足国内游戏的全球发行，腾讯云构建了能够覆盖全球的数据中心，从而实现了全球数据中心网路的一体化，并通过高质量的内网专线回源，在降低 IT 成本的同时，提供了更为稳定的服务，也为玩家带来了更为优质的游戏体验。

从 2015 年的腾讯“云 +”计划，到了 2019 年的腾讯“云 + 跃变”的战略实施，腾讯云正在一步步地走向完善，腾讯公司对于腾讯云的大力支持将为腾讯云未来的发展提供更多的动力。

腾讯便签：

云计算是未来的重要生产力，对于每一个企业在未来的发展都起到了重要的作用，腾讯凭借强大实力发展云计算服务，对于我国互联网行业云计算能力的整体提升具有重要价值。

<<< 第八章

# 不懂带人，只能自己干到死

# 移动互联网不拼流量拼团队

在现在的移动互联网市场之中，专业的技术人才越来越成为各大互联网企业竞相争夺的焦点。但优秀人才毕竟是有限的，很多时候，企业会面临招不到优秀人才的困境。有时候企业招不到人才是因为优秀人才的匮乏，但更多的时候则是企业不会运用自己手中的人力资源。优秀人才作为一种稀缺的资源，对于企业确实具有十分重要的意义，但一个人的力量再大也不可能完美的完成所有的工作，很多时候，组建一个合理的团队要比招纳一个优秀的人才对于企业而言更重要。

俗话说“三个臭皮匠，赛过一个诸葛亮”，一个配置合理的团队所起到的作用要远比一个优秀人才起到的作用大，并且在很多时候供养一个团队的花费还要少于供养一个优秀人才。企业想要更好地完成工作，就必须拥有良好的团队，在这个团队中的每个成员虽然能力并不是顶尖的，但他们在不同的领域拥有着不同的能力，在互相合作的过程中每个人都发挥自己的专业特长，使整个团队形成一股强大的合力，从而更好地完成工作。

马化腾在一封给合作伙伴的信中曾写道：“在传统行业会有资金密集型扭转的机会，但移动互联网基本不太可能，因为这个市场不是拼钱，也不是拼流量，更多是拼团队。”在马化腾看来，决定创业成功与否的关键在于企业的团队精神和创新能力。在移动互联网时代，了解年轻用户群体、及时进行产品更新迭代、坚持创新精神的团队，才能够成为市场竞争中最后的胜利者。

腾讯的团队精神在其创立开始便一以贯之，其创始人团队的精神为腾讯内部各团队作出了很好的榜样作用。在2007年第三届中国优秀企业公民表彰大会上，腾讯创始人团队获得了中国企业公民特别贡献奖，评委会给予他们的颁奖词是："九年来，他们以责任为导航，视员工为最宝贵的财富，以为用户创造最大价值为目标，延续通过互联网提高人类生活品质的梦想。2007年他们成立了国内互联网第一家企业公益基金会，倡导企业公民责任，致力公益慈善事业，关爱青少年成长，推动社会的和谐与进步！"

虽然现在腾讯的创始人团队有人已经离开了腾讯，但如张志东等人仍然在腾讯学院内贡献着自己的力量，腾讯创始人团队的精神也始终在腾讯内部传播着。马化腾认为企业的快速发展离不开优化的组织结构和人才资源，因此腾讯根据互联网形势的发展，一直在进行着企业内部的组织和人才优化工作。早在2006年，腾讯便开始将创始团队的权力下放给更为专业的职业经理人，到了2012年，腾讯从业务部门制升级到了事业群制，以便更好地协调和管理自身的内部工作。

腾讯内部拥有着众多规模不等的团队，主要以产品策划、产品研发和产品运营为核心，共同组成了一个从策划研发到上线运营的完整环节。在产品策划团队中，大方向由产品经理把控，具体的工作则交给不同的设计师去完成专业的设计工作。在产品的研发团队中，项目经理则成为重要的中间环节，在与产品策划团队沟通之后，安排具体的工程师进行研发工作，这其中开发工程师、测试工程师和运维工程师分别负责不同类型的专业工作。在产品运营团队中，运营经历负责整体上的工作，并与运营专员一起承担起产品的用户运营、活动运营和渠道运营的工作。

这种团队运营机制可以很好地将大规模的团队拆分成10个或是20个小规模的团队，从而在产品生产的各个环节安排合适的团队，而在这些10人或是20人的小团队中，还会在产品策划、产品研发和产品运营等角度进行细划，进一步厘清每个人的工作职责。每个人独立工作，团队成员彼此又互相协作，从而完成整体上产品的策划、研发和运营工作。

除了上面这些方面的团队协作机制外，为了更好地协调内部成员的工作，腾讯内部始终秉承着透明的理念，让每个团队之间的信息能够及时快速地得到共享。

腾讯内部各团队每天早上都会用十多分钟开一次晨会。在晨会上，每个人轮流讲述自己前一天的工作以及新的一天需要完成的工作，同时将自己在工作之中遇到的问题，与团队之中的其他成员进行交流，根据问题的难易程度，来安排具体的解决方案。而在会议结束后，如果问题仍然没有解决，相关人员则会继续讨论解决方案，其他团队成员则开始新的工作进度。这种方式既保证了团队间信息的互通，也有利于更高效地完成工作任务。

腾讯每个团队都有属于自己的“进度墙”，上面会实时更新团队成员的工作进度以及产品的完成程度。从最初的产品计划，到产品完成进入到待发布阶段，整个产品推进过程都会展现在进度墙上，其中也会包括各个环节中出现的问题。这种“进度墙”可以实现产品生产的透明化，让每个团队成员都能够及时地了解到产品的整体进度，在遇到问题时，也能够通过整体的力量进行解决，是一种十分高效的工作方法。

腾讯还开发了一套适用于互联网的项目管理工具——TAPD，这是产品信息的汇聚地。其中存有全部待开发、已开发、已发布的产品信息，以及用户反馈和产品bug的信息，进一步将“进度墙”的透明功能扩大，团队成员在了解各产品的“前世今生”的同时，还能够看到产品未来的发展方向。

腾讯内部还设置了经营分析系统和实时监控系统，既可以对每个产品实现业务数据的实时汇总，还能够实时监控这些数据的异常，减少产品发生问题的可能性。

在马化腾看来，一个好的团队，必须是一个角色完备、功能齐整的团队。所以腾讯内部的团队大多是根据产品所需要的岗位标准来组建的，不同的成员承担着不同的岗位职责，任何一个完整的团队，都可以独立地完成产品的开发和运营工作，在满足用户需求的同时，为企业创造出更多的经济效益。

而腾讯内部各团队在彼此独立的同时，也要承担起整体上的产品开放工作，除了团队内部各个岗位之间需要相互合作外，腾讯内部的各个团队之间也需要相互协同，这样才能从整体上提升腾讯的竞争实力。腾讯的团队管理经验也正是其在互联网领域取得巨大成功的关键性因素。

腾讯便签：

腾讯并没有依靠着自己强大的流量优势“坐吃山空”，反而研究出了一套优秀的团队管理模式，流量优势加上强大的团队实力正是腾讯不断壮大的重要因素，腾讯着重打造优秀团队的这一做法，是十分值得学习的。

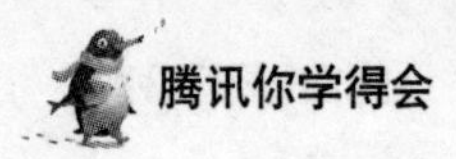

# 马化腾的“安居计划”

视卒如婴儿，故可与之赴深溪；视卒如爱子，故可与之俱死。

——《孙子兵法》

关于用人的观念，我们可以从《孙子兵法》中学习到一些适用于今天的知识。不仅是在战争中，在企业管理中，这种“视卒如亲”的思想也是非常有价值的。构成企业的要素有很多，而人是其中最为重要的因素。现在市场中的企业竞争，表面上看是在竞争产品、竞争服务，但从根本上来看，竞争的还是企业的人力资源。能够生产出优秀产品的企业，必然拥有着一支优秀的人才队伍，可以说人才已经成为决定企业市场竞争力的关键。

随着互联网在我国普及程度的逐步加深，绝大多数人都可以通过互联网来学习知识，经过了多年来的发展，我国也逐渐培养起了自己的互联网技术人才，并且积累了丰富的经验。许多年前，中国缺少互联网相关的技术人员，许多互联网的核心技术需要依靠国外。现在，随着越来越多互联网技术人才的涌现，我国在互联网领域的核心技术也不断增多，甚至开始出现了输出国外的情况。在这个技术人才不断涌现的关键时期，中国的互联网企业纷纷借助这一东风驶向了远方。

“人才”一直是腾讯发展的重要推动力，腾讯在秉承着“一切以用户价值为依归”的企业理念的同时，也十分重视对于优秀人才的选拔。在中国的互联网公司中，腾讯每年的校园招聘比例都是比较高的，基本上每年都能够保持在50%左右的比例，腾讯愿意为那些刚刚步入社会的年轻学子提供机会，但相对来说，在选拔的要求上也会严格一些。

在马化腾看来，年轻也是一种资本，但这并不意味着年轻人可以依靠着这一资本，相反，年轻人应该寻找到一个充分发挥这一资本的平台，通过不断提高自己的个人能力，来更好地运用这一资本。腾讯会为这类年轻人提供展示自己的平台，并且帮助他们完成进一步的成长。

在人才选拔上，腾讯会刻意去寻找那些喜爱互联网行业，并且认同腾讯的企业价值观的年轻人。如果一个人想要进入腾讯，他往往需要经历好几轮的面试，不仅包括各层的领导，还会和团队中的成员交流，从而考察这个人是否能够和团队和睦相处。

对于已经在腾讯工作的员工，除了为他们提供长远发展的培养计划之外，保证员工的生活质量和工作状态也是腾讯的重要工作。在同行业中，腾讯向来以高薪著称，对于在腾讯工作的员工来说，只要努力进取地工作，自然会获得满意的收入。除了高薪资之外，腾讯的福利体系也是“无所不至”的，“安居计划”就是腾讯员工福利之中最具代表性的一个。

腾讯每年都会对员工的流失情况进行数据分析，2012年，腾讯的员工流失数据分析中出现了一个特别的现象：毕业之后进入腾讯工作满3年的毕业生的流失率非常高，甚至达到了普通员工流失率的3倍之多。在腾讯的人才培养计划之中，3年恰恰是腾讯人才培养的一个周期，毕业生从进入公司到发展成熟平均需要3年的培训时间。而正是这些在腾讯刚刚进入发展期的人群成为流失最多的群体。

在员工离职登记上，排在前三位的离职原因分别是：继续深造、职业发展和家庭原因。腾讯的人力资源团队针主要的离职群体进行了深入的电话访谈，搜集了大量的反馈信息，在这些反馈信息之中，人力资源团队发现了工作满3年群体离职的真正原因：买房结婚。毕业三年之后的大多数毕业生都已经到了结婚年龄，由于深圳等大城市的房价不断攀升，这些刚工作3年的毕业生根本负担不起房价。同时，“有房才能结婚”又是许多人结婚的前提，所以为了结婚很多人选择到二三线城市买房。

正是在这种背景之下，2011年腾讯推出了“安居计划”，主要为在一线和二线城市工作的符合条件的员工提供最高30万元和20万元的首套房的“安居借款”。与贷款不同，腾讯为员工提供的安居借款没有利息，也不需要员工提供实物担保，只要在腾讯入职满三年，或者入职满两年但在绩效考核中进入前两档的优秀员工，都可以申请安居借款。

腾讯的安居借款会随着市场和政策的变化加以调整，截至安居计划实施的第三年时，腾讯就已经放出了8亿元的安居借款，帮助了3000多名员工购买了首套住房。

除了安居计划，腾讯还推出了“健康加油站”等许多不同的福利政策，相比于安居计划，其他的福利政策更加细化，围绕着员工的生产、生活和发展的方方面面。但在众多的福利政策中，安居计划无疑是最受员工欢迎的政策，这从安居计划实施后，腾讯的员工离职率中便可以看出。根据腾讯人力资源部门对于安居计划实施的三年间，腾讯员工的离职率统计，工作满三年的员工离职率仅为1.4%，即使是在互联网行业离职潮爆发时，这些员工的离职率也仅为3%。

在腾讯内部始终存在着一个观念，那就是“员工=用户”，将员工看作是企业的用户，以用户的价值为依归的同时也要以员工的利益为依归，所以腾讯为员工带去了大量的福利，在腾讯成立18周年时，为每位员工均发放了300股腾讯股票，真正地让每一个员工都成为企业的主人。腾讯的一系列福利政策也大大激发了腾讯员工的工作热情，从而更好地促进了企业的发展。

马化腾认为对于腾讯而言，真正重要的不是业务和资金，获得这两样东西并不困难，但人才却不同，人才是腾讯最为宝贵的财富，是任何其他东西都不可轻易替代的。

腾讯便签：

寻找人才困难，留住人才更加困难，企业想要获得长远的利益就要学会留住人才。而想要留住人才，就需要真正地从人才的角度出发，提高人才的福利待遇，并且满足人才的发展需求。

## “企鹅帝国”如何孵化人才

在互联网行业日趋激烈的今天，人才资源成为企业最为宝贵的财富。在企业所需的所有资源之中，人才资源是十分稀缺的，可以说一个企业想要招到人不难，但要想招到一个合适的人才，则是一件十分困难的事。所以，如何将一个人培养成为企业所需要的人才，成为摆在互联网企业面前的一个课题。

企业不仅需要将普通人培养成人才，即使是人才也需要进一步的训练和培养。所以一个良好的员工培训体系是每个企业都需要拥有的。每个员工入职之时都会有一个长远的发展规划，通过企业系统化的培训，从而获得个人能力和业务水平等各方面的提升。即使是能力已经比较全面的人才，也需要通过企业的个性化培训，如果过分地依靠自己旧有的能力，不去接触和学习新的商业和社会能力的话，只能落得“仲永式”的下场。

在腾讯的人力资源管理体系之中，员工的成长和未来发展一直是最为核心的内容，通过绩效考核制度和职业发展规划相结合的规范管理流程，为企业员工的发展保驾护航，在公正、透明的管理培训系统下，更好的锻炼员工的各项能力水平。

员工的职业发展是腾讯十分重视的一个方面，不仅在员工的专业领域，更是为员工提供了管理发展方面的晋升渠道。在这一体系之中，员工可以更加清晰地认清自己的能力，及时找准适合自己的发展方向，从而在获得个人提升的同时，促进企业业务的增长。员工可以根据自身的实际情况，在系统的指导下拟定发展目标，通过企业发展委员会的评估，最后获得相应的职级发展路径。

腾讯学院成立于2007年，这是腾讯自己的企业大学，腾讯的员工培养体系进入了一个新的发展阶段。腾讯学院囊括了新人培训、职业培训和领导力培训等内容，每一位员工都可以在这所学院中找到适合自己学习和发展的内容。

腾讯学院的讲师大多来自腾讯的内部，管理、技术、运营等方面的专家都会在学院中分享自己的工作经验和方法心得，这些经验方法对于刚刚进入腾讯的新人来说是十分宝贵的财富，对于新人的成长有着极大的帮助。

腾讯学院属于腾讯COE架构中的一个部门，人力资源部、薪酬福利部、企业文化与员工关系部都属于腾讯 COE。COE 并不是腾讯的一个实体部门，它是若干个职能的集合，担负着人力资源职能政策的制定、专业研究、人才培养等任务。

腾讯学院的主要任务就是为腾讯未来发展培育优秀的后备人才，后备人才的能力决定这企业发展的未来，这也决定了腾讯学院作为腾讯人才孵化器的重要地位。为了培育出不同的人才，更好地应对腾讯未来将要面对的挑战，COE 腾讯学院制定了“飞龙计划”。

“飞龙计划”的全称为“后备管理干部加速发展项目——飞龙计划”，是为了帮助员工提升核心能力、拓展视野，更好地应对互联网时代的发展变革而提出的。“飞龙计划”一般为期半年，主要分为“三次集中的学习模块”，该项目设置了面授课程、沙龙分享、行动学习和产品体验等不同的学习方式。

在“飞龙计划”第一集中模块中，“帮助学员认识自己”是核心主题，在认识自己的基础上，不断提升战略决策和商业视野则是这一模块的更高阶段。评鉴中心、行动学习主要是这一模块中的主要学习方式。

“飞龙计划”的评鉴中心通过公文筐、团队会议和下属辅导三种不同的测评方式来判断学员在不同方面的能力水平。评鉴中心的测评师和工作人员都来自于腾讯内部，测评师主要是腾讯的中层管理者和专家，由于对腾讯的工作方式和管理方式都十分了解，所以他们所撰写的测评报告也更具有针对性，更加适合学员在腾讯未来的工作和发展。

行动学习是“飞龙计划”第一个集中模块的一个十分重要的环节。在这一环节中，学院以组为单位，主要进行半年的课题研究，主题研究的内容主要是一些时下热门的行业和互联网之间的结合，包括互联网金融、互联网医疗等“互联网 +”领域的前沿问题，这些极具挑战性的课题，对于学员跨界思维能力和应对复杂问题能力的提高有着很大的帮助。

“飞龙计划”的第二个集中模块是变革管理。腾讯作为一家不断向前发展的互联网企业，变革已经成为企业发展的常态，而在变革之中如何抓好管理则成为腾讯所面临的一大难题。在这一模块中，体验学习成为重要的学习方式，每组学员的角色都变成了企业的最高决策者，而当企业面临变革时，在变革发生的过程中，学员可以选择不同的管理方式影响员工的行动，然后电脑会模拟出员工的不同反应，从而确定变革是否能够顺利进行。在这一过程中，学员可以提高应对变革的管理能力。

“飞龙计划”的第三个集中模块主要是提升产品能力和拓展视野。沙龙分享和产品 PK 赛是这一模块中的主要环节。沙龙分享会邀请企业公关部门的中层管理者为学员分享危机管理和公关方面的知识，从而提高员工的危机管理意识和危机公关能力。

产品 PK 赛则会选择几款腾讯自己研发或是投资的产品，在学员体验后，提出优化和改善的方法。同时腾讯学院还会邀请产品负责人来到现场聆听学员们的意见和想法，将有价值的信息增加到产品中，同时对于学员们想法中的不足予以指正，并给予学员一些产品研发生产方面的建议。这一环节采取双向互动的方式，对于产品的功能优化和学员的产品意识提升都有着极大的帮助。

除了“飞龙计划”，腾讯还推出了针对不同层级员工的不同的培养计划。而在每一期计划结束之时，腾讯学院都会对整个计划进行复盘，通过对于不同学员的访谈，以及分析成功的项目团队的经验来总结这一期计划所取得的实际效果，并在下一期计划中进一步优化计划的各个环节。

在互联网行业中，人员的流动性非常大。因为互联网公司的发展节奏很快，所以往往会忽略掉对于员工的培养，所以许多刚到新的工作岗位工作了一段时间之后，却依然不熟悉新公司的工作模式，这不仅会影响员工的工作效率，也容易让员工失去归属感，从而导致离职现象的发生。

面对这种情况，腾讯通过腾讯学院来为员工提供全方位的能力培训，在不断了解企业经营模式的同时，对于员工的个人能力的提高和职业生涯的规划发展也是十分有利的。腾讯将每一个员工都作为企业的人才储备，通过深入培训挖掘他们身上的潜力，同时提供全面的福利政策，来增强员工对企业的归属感，从而将人才牢牢地掌握在企业中，并且不断地从外界吸收先进的全方位人才。

腾讯便签：

腾讯通过全面细致的培训不断提升员工的个人能力，从而从整体上提高了腾讯的企业竞争力和创新力。在为员工规划出一个美好未来的同时，也为企业自身打开了通往未来的大门。

## 创新人才培养体系

在变幻莫测的互联网市场之中，盛衰成败往往发生在一瞬间，不到20年的时间，Google和亚马逊已经超越雅虎成为主流的互联网企业，Facebook也正在以异乎寻常的速度向前发展。在中国，腾讯和阿里巴巴成为互联网企业中的两头“巨象”，虽然拥有着庞大的身躯，但却依然快速地向前奔跑，不断地“吞噬”着中国互联网的市场份额。

因为未来的无法预知，谁也不知道互联网行业的下一个增长点会出现在哪一个领域，更不会知道哪一个形态的互联网企业将会在未来取得成功。所以对于处在互联网行业中的企业，只有不停地向前走，才能成功存活下来，即使如腾讯和阿里巴巴这样的互联网帝国也需要向前发展，不进则退是互联网行业中的生存准则。

想要始终保持向前发展，就要结合自身的发展情况和市场的发展环境进行综合的考量，只有认清市场才能寻找的发展的机遇，只有了解自己才能找到合适的发展道路。而在这之中，创新则是企业向前发展的永动机，不需要“添油加料”就能为企业提供源源不断地发展动力，不论是新生企业还是已经发展壮大的企业，创新是任何企业想要前进的必备动力。

在中国的互联网企业中，腾讯的成长轨迹是对于创新引领成功最好的诠释。从最初的QQ产品到现在的微信，以及泛娱乐平台的全媒体产品，腾讯依靠创新一步步走到今天。可能很多人对于腾讯的创新不以为然，认为腾讯的创新来源于对其他产品的复制和抄袭。很难想象一个依靠复制和抄袭的企业能够发展起来，而事实上，腾讯不仅从最初的小企业发展成为一个庞大的互联网帝国，并且成为全中国市值最高的企业，任何的复制和抄袭都不可能取得这样的成绩。

从创新角度来说，腾讯更多的是对于产品的微创新，从 QQ 到腾讯游戏再到微信，一系列的产品微创新为腾讯带来了今天的成功。创新的根本在于人，而腾讯之所以能够始终保持这种持续的微创新能力，则要归功于腾讯独有的创新人才培养体系。腾讯的创新人才培养体系可以从几种不同的角度去理解，一方面是人才创新梯队的培养，另一方面则是产品研发创新团队的组建，这是构成腾讯创新体系的两个重要方面。

在创新人才梯队方面，除了对于企业内员工的能力培养和拓展外，腾讯还十分注重对于新型创新人才的发掘。在中国互联网企业的校招比例之中，腾讯始终占据着较高的份额，在腾讯看来，年轻人更加具有向上的活力，更加适合腾讯的创新气质，更多的新鲜血液的加入能够促进腾讯创新血液的循环。而对于刚刚加入企业的新人来说，如何让他们更快地融入企业的创新氛围中，是腾讯需要考虑的首要问题。

腾讯学院是腾讯人才的孵化器，不论是刚刚进入企业的新人还是已经工作了一段时间的老员工，都需要定期进入腾讯学院进行学习，而针对不同的学员，学院推出了不同类型的培训项目，“寻找腾讯达人”是针对新入职员工的培训，主要帮助员工了解企业文化和工作环境，从而让新员工更快地融入企业的创新环境中。“创意马拉松”则是针对全体腾讯员工的培训项目，在创意方面，新老员工并没有差别，通过“创意马拉松”让更多的思想碰撞开花，从而更好地服务腾讯的产品研发。“魔鬼训练营”则是专门针对新加入腾讯的应届毕业生而设计的培训项目，相比“寻找腾讯达人”，这一培训项目更加艰苦，是腾讯对刚刚步入社会的大学生的一次考验。

除了接受企业的常规培训外，新入职的腾讯员工还要参加“寻找腾讯达人”的项目培训。他们需要自己去寻找腾讯公司中的“达人”，这些“达人”可以是各个类型和方面的，可以是技术达人，也可以是营销达人，许多高层的管理达人也可以作为选择目标。通过和达人们聊天交流，新员工需要了解公司的历史、文化、制度等内容，而在聊天结束之后，新员工需要完成一份报告，分享自己在这次培训中的体会和感悟。这一项目是每一个新入职员工都必须参与的培训项目，虽然看上去十分简单，但从结果上看，对于新员工的发展却具有重要的意义，通过项目培训，新员工可以更快地融入企业，更快地了解企业的产品和业务，对于新员工展开工作也十分有帮助。

“魔鬼训练营”是主要针对应届毕业生的培训项目，主要目的在于帮助毕业生更快地掌握相应工作岗位的专业知识、工作流程等内容，同时提高解决实际业务问题的能力，让应届毕业生更快地融入实际的工作状态中。主要采取“面授课程 + 导师制 + 实战项目”的组合形式，通过让毕业生在高压力、短时间和对于公司资源不熟悉的情况下，将理论的培训知识转化为实际的操作技能的方法，从而完成一个实的产品研发。对于缺少实践经验的应届毕业生来说，“魔鬼训练营”将未来可能在工作中遇到的短时高压的工作环境提前摆在他们面前，“逼迫”他们将理论知识强制转化为实践工作中的实用技能，对于应届毕业生的长远发展具有重要的指导作用。

“创意马拉松”则针对全体的腾讯员工，将参与培训的人员分成不同的十人以内的小团队，围绕一个任务主题，在规定的时间内，团队可以自由地进行围绕主题的产品研发活动，在 33 小时时间内，将最终产品或原型展示给公众，由相关专家评审出优秀的项目。这可以说是一场考验脑力的马拉松，从最初的团队组建，到最后的产品出炉，短短33个小时的时间，不仅是脑力的考验，更是意志和体力的考验。这种模拟真实产品研发的培训，能够更大程度地激发团队成员的创新能力，同时还可以看出成员的团队协作能力。

在腾讯的创新人才培养体系中，在产品研发阶段，腾讯营造了非常开放的创新文化，腾讯内部的产品研发团队都拥有自由思考产品的权利，在产品研发过程中，管理层不会过多地干预产品的研发进程，只是在产品的测试和体验阶段给出一些意见和指导。腾讯鼓励产品研发团队的创新，并且设置了许多鼓励团队产品创新的奖项。

不同的培训项目针对性的提高不同员工的能力，让新员工更快地融入企业，从而更好地发挥出自身的能力特长，老员工则通过培训进一步提升工作能力。这种持续性的技能培训，为腾讯提供了源源不断的发展动力，这也是腾讯在创新发展道路上越走越远的最为重要的原因。

腾讯便签：

人作为企业创新发展的根本，企业对于人力资源的培养是企业在未来能否取得长远发展的关键，只有加大对人力资源的投入，才能为企业提供源源不断的发展动力。

# “腾讯干部要有激情，不做富二代”

当我们准备去做一件事情的时候，最初会充满激情、干劲十足，随着工作的进行，我们的精力一点点的开始流逝，注意力也开始向其他方向分散，我们面对工作的激情也一点点褪去。很多时候风险往往出现在我们对工作失去激情的时候，激情是事业成功的重要保障，只有保持激情才能登上成功的巅峰。

在腾讯成立的近 20 年时间，正是由于对产品生产的激情，腾讯才发展成为了今天这样庞大的互联网帝国。腾讯在创业初期的日子是十分艰难的，正是凭借着五位创始人对于互联网行业的激情，腾讯才熬过了那段艰难的时期。随着越来越多的人才加入，腾讯的实力不断壮大，事业也一步步走上了正轨，腾讯进入了稳定的发展阶段。

“生于忧患，死于安乐”，说的就是人在享受安稳生活时，缺少忧患意识，从而导致失败和死亡。腾讯在进入稳定发展期之后，一部分干部开始陷入到了享受安逸的陷阱中。而当移动互联网时代到来时，腾讯的稳定发展状态被打破，原有的发展优势逐渐消失，新时代下互联网企业竞争不断更加激烈，腾讯再一次陷入困境。

从这次危机中，马化腾认识到了腾讯内部所存在的一些十分细微但却关乎腾讯未来命运的问题。他在一次内部讲话中说：“在这样的变化情况下，我们的人怎么样才能打赢这场仗，怎么样才能走得更好？对人的要求很重要。我们提到要有激情，要好学，要开放，我不一一展开，我想说的是，从很直观的感受来说，我们很希望整个管理干部的氛围是非常饥渴的。”

在马化腾看来，腾讯经历了十多年的发展，许多管理层的干部因为加入公司的时间比较长，看到了公司已经发展到了一定的规模，便失去了原有的开拓进取的精神。许多管理干部在管理职位上安于现状，不再去努力发掘企业新的商业增长点。这也正是移动互联网时代到来对腾讯造成如此重大的冲击的原因，这一问题并不仅仅出现在腾讯身上，许多互联网企业都存在着这种问题。

虽然依靠微信的横空出世，腾讯在移动互联网时代再一次走在了竞争对手的前面。但在马化腾看来，如果出现在腾讯内部的问题不解决，同样的危机还会再发生，到时候，腾讯能否再像现在这样“幸运”就不好说了。

马化腾认为，腾讯现有的许多业务之所以完成得不好，其问题并不是资金或者资源不充足，很多时候是产品和业务团队的精神出了问题。而在这一问题上需要承担主要责任的就是团队的领导者，领导者的不作为拖累了整个团队。领导者的消极怠工会对整个团队造成许多负面的影响，“公司的决策怎么这么慢？”“为什么领导没有发现问题？”“公司难道一直会这样下去吗？”员工的疑问越来越多，却始终得不到解决，这也是导致团队分散的重要原因。

面对这样的情况，马化腾希望腾讯的管理干部能够打破“富二代”的概念，将过去取得的荣耀跑到脑后，腾讯发展到现在虽然上升到了许多企业都没有到达过的高度，但却依然没有到达顶点，如果现在停下前进的脚步，“龟兔赛跑”的故事就会发生在腾讯身上，作为兔子时如果不奋力奔跑，变成了乌龟就再也赶不上兔子的步伐了。

同时，马化腾希望腾讯的管理干部能够重新找回当年“闯二代”“创二代”的精神，现在的腾讯能够为每个团队提供更为丰富的资源，虽然资金和资源的问题已经不复存在，但马化腾用了一个比喻来说明资源和产品的问题，他说：“我们提供很多资源给你只是加法，别人产品是100分，你是80分，我只能给你加100分的资源，头一两年你的总分多过别人，如果5年后呢，100的5次方要远超过80的5次方加上100，所以时间拖长了你获得的那点资源就可以忽略不计了，最终还是靠产品本身的质量才能和别人比，这已经多次证明了。”市场竞争还是要看产品的质量，只有最好的产品才能获得市场的认可。

正是在这种情况下，腾讯重新调整了企业的组织结构，将做得不好的业务部门裁撤，将功能相似的部门加以合并。2013年9月，腾讯入股搜狗，2014年2月腾讯入股大众点评，2014年3月腾讯入股京东。腾讯通过这三次投资行为将业绩不佳的搜索服务、本地生活服务和电商业务砍掉，让腾讯在不擅长的领域中抽身，马化腾认为，10个都弱不如1个很强，一堆做不起来的东西只能够减分，分散员工的精力。

与百度的狼性不同，马化腾强调腾讯的员工必须时刻保持饥渴，尤其是团队的领导者，必须时刻充满激情，只有这样才能够全身心地投入到产品的生产中，不论企业处于危机还是鼎盛时期，激情都是不可或缺的重要的企业文化精神。

腾讯便签：

保持激情，保持饥渴，这是每一个个人、每一个企业都需要具备的精神，只有不断保持昂扬的激情，才能在发展的道路上越走越远，不断攀上一座座高峰。

## 当QQ碰上微信：内部团队间的竞争很重要

在中国的即时通讯领域，许多互联网企业都推出了自己的社交软件产品，但真正能够获得市场的却只有QQ和微信。作为代表性的社交软件产品，QQ和微信又都是腾讯一家互联网公司的产品，对此很多人会问：难道它们之间不存在竞争关系吗？答案当然是否定的，作为同一类型的社交软件产品，存在竞争当然是肯定的，但作为使用者来说，你在使用微信的同时还在使用QQ吗？这时打开手机，你会发现QQ和微信都静静地“躺”在自己的桌面上。

既然QQ和微信存在竞争，为什么还有那么多用户在同时使用这两种社交软件呢？仔细思考之后你会发现，它们虽然都是社交软件，但在功能上，QQ和微信却有着很大的差别，以至于很多事情通过QQ而不能用微信解决，而另一些工作通过微信要比通过QQ解决方便得多，所以对于这两种同类型的产品，你都需要，所以都不能舍弃。之所以会产生这样的结果，主要原因就是在于腾讯内部的团队竞争机制。

腾讯内部的团队竞争由来已久，马化腾也曾表示鼓励腾讯内部团队相互竞争，互相学习。从上文介绍的微信的发展历程中，我们可以了解到，微信的诞生就是内部竞争的结果。而在微信诞生之时，QQ向微信导入了大量的用户流量，帮助微信逐步发展壮大起来。而当微信逐渐发展到独当一面时，它又与QQ之间始终保持着相互竞争、相互学习的关系。

2014 年 5 月，腾讯微信事业群成立，这也意味着经过了三年发展的微信在流程管理上成为独立的事业组织，微信开始和 QQ 站在了同一平台之上开展竞争。为此腾讯社交网络事业群总裁汤道生表示，在腾讯上市十年后，QQ 并不愿意像腾讯的五位创始人一样功成身退，老骥伏枥，志在千里，而是希望能够在腾讯的下一个十年中继续承担起支撑腾讯帝国发展的重担。

很显然，QQ 并不打算交出自己手中的接力棒。对于 QQ 与微信之间的关系，马化腾曾说："如果企业完全自上而下，往往没有活力、很僵化，在互联网这个变化特别快的产业就会变得非常危险。腾讯来说其实是两种结合，一方面是要对成熟的业务，用比较稳健的管理方式，但对于新兴的模糊地带需鼓励自下而上。一旦成熟时，不能完全失控，要依靠成熟业务帮助未成熟业务。"这也正是在微信诞生初期，QQ 支持微信发展的重要原因，而随着微信的强势生长，原来的"QQ 支持微信"已经转变为了"微信和 QQ 竞争"。

在马化腾看来，QQ 与微信之间的竞争是良性的，最终的结果并不会出现两败俱伤。马化腾认为微信和 QQ 在用户资源方面上看，的确存在着很大的相似性，微信的用户大部分是通过 QQ 账号来登录的，从这个角度来看，这两个产品之间存在着许多东西是彼此相通的，所以并不会出现"一个完全取代另一个"的问题。可能恰恰相反，两个产品将会以不同的功能特点为核心，走上不同的发展道路。

"2010 年 10 月微信立项，2011 年 1 月微信发布第一版。我们从 QQ 邮箱团队分出一支 10 个人的小团队开始起步，成长到现在的微信事业群。微信的用户量，也成长到几亿之大。我们欣喜地看到移动互联时代，微信融入了几亿人日常的线上生活，让时间和空间在这个时代有了新的含义。"这是张小龙在发给团队成员的内部邮件的一部分，正如他所描述的一样，微信的发展速度十分惊人，其所表现出的潜力也让张小龙看到了未来微信发展的希望，这也是微信能够成立单独的事业群组的原因。

相对于微信的迅猛发展，手机QQ的发展之路似乎并不顺畅。直到2013年初腾讯组织结构再调整，手机QQ等相关业务并入社交网络事业群之后，手机QQ的发展开始走上正常轨道。至此整个QQ体系的团队都集合在社交网络事业群中，联系更加紧密，职责和任务划分也更加明确，大大提高了整体的工作效率。

作为腾讯体量最大的事业群组，社交网络事业群可以为QQ的发展提供更多的有力支持，依托这些强大的资源，手机QQ除了在移动端不断优化功能外，还进行着更多的商业化的尝试。因为拥有着庞大的用户基数，QQ提出了“全面开放，连接一切”的口号，通过将QQ的通讯能力开放给硬件生产商，把不同的智能终端，甚至是智能家电统统连接起来，这正是腾讯QQ“连接一切”的发展愿景。

在谈到QQ与微信的竞争时，腾讯社交网络事业群总裁汤道生曾说：“其实大家都在建立不同的生态，以不同的方式探索未知的市场，腾讯今天的这种业务体系，就是架构出一个非常开放的体系，让平台、业务、合作伙伴都可以自由的对接、自由的发展。”其实虽然同样作为社交软件，但微信和QQ在具体的功能属性上还是存在着一定的差别的，QQ空间的社交媒体属性更强一些，微信则更像是一个互联网工具，这两种产品的竞争也都是在核心功能基础之上的进一步发展和延伸。

虽然QQ和微信在核心功能的发展方面可以做到错位互补，但二者之间的竞争却是依然存在的，在社交、游戏和O2O领域都存在着业务的重合点。从现在的发展情况可以看出，在游戏平台和电商支付方面两个产品都获得了较大的发展，微信红包的火爆，让“抢红包”成为一件全面参与的盛世，而QQ自然不会放过这种机会，QQ红包的出现，正是二者在竞争之中相互学习，共同进步的体现。

马化腾将微信和QQ的竞争看作是一种演变，他认为，这种现象就像是大自然的生物进化一样，不同的环境带来不同的外界刺激，竞争是一种适者生存的优胜劣汰的选择。他认为，企业的发展不能永远盯着市场中的竞争对手，要想一想未来的市场发展趋势是什么，不要担心竞争，只要是顺应未来发展趋势的产品，即使会出现“自己打自己”的情况，也是应该支持的。因此马化腾十分鼓励企业的自我革命，甚至是企业内部的良性竞争。

微信与QQ的竞争仍然在进行之中，对于腾讯的产品研发者来说这是一场没有硝烟的战争，不到最后一刻没有人能够预知战争的结果，但可以肯定的是，这种内部竞争将会为腾讯的发展产生巨大的推动力。可以说在竞争日趋激烈的互联网市场之中，用“两条腿”走路的腾讯是十分幸运的，但如何调整好“两条腿”的前进步伐，则是腾讯需要重点考虑的问题，将企业内部的竞争控制在一定的范围之内，才能让腾讯更快地向前发展。

腾讯便签：

良性的内部竞争可以促进企业的发展，如何协调好内部竞争的“度”是企业应该最先考虑的问题，想要在残酷的市场竞争之中生存下来，就要先在企业的内部竞争中磨炼出一身“钢筋铁骨”才行。

# 第九章
# 腾讯，你学得会

## 马化腾："我始终是产品经理的角色"

纵观腾讯的企业发展史，产品始终是腾讯安身立命的根本，在不同的发展阶段，腾讯依靠不同的产品不断地开拓着市场，一步步地发展到现在庞大的互联网帝国。在中国的互联网行业中，腾讯的产品实力无疑是最强的，庞大的用户群体就是最好的证明。

马化腾在谈到自己在腾讯的定位时，曾说："我始终是产品经理的角色"。他并不是说自己是一位产品经理，而是说在腾讯的产品生产中，他始终坚持着产品经理的思维模式，而不是一个高高在上的企业决策者的思维。马化腾的产品经理思维更多的还是来自于他的创业经历，技术出身的他对于产品有着特别的执着。

腾讯的几位创始人都是工科出身，逻辑思维缜密，洞察力极强，属于典型的理工型思维的人才。而腾讯在创立初期便将"用户体验"放在了第一位，这便决定了腾讯的产品必须能够满足用户不断变化的需求，而且腾讯必须始终坚持以用户为中心的产品生产思维。所以这就要求从企业创始人到企业内部的成员，都要始终将自己定位于产品经理的角色之中，用产品经理的思维去指导产品生产的过程。

作为腾讯创始人之一的张志东曾说："产品精神不太好描述，好的产品就像一颗种子，从无到有，逐渐长成一棵小树苗。团队的创始人带领团队经历从 0 到 0.1，从 0.1 到 1，这个过程之中凝聚了很朴素的小团队的产品精神。当团队变大之后，产品的精神却比较容易变形。”他认为企业在创立之初，还能够很好地坚持以用户为中心的产品生产精神，而当企业逐渐发展壮大之后，企业产品的生产就会出现“高举高打”的情况，忽视了最基本的用户体验。

高度开放的互联网世界，为任何企业都提供了成功的可能性，许多旧有的事物被推翻，新生的事物拔地而起，所以在张志东看来，作为企业的创始人，最为重要的往往不是企业较小时遇到的困难，反而是企业规模变大之后出现的一种“虚假繁荣”的现象，企业规模扩大之后还能否保持最初的产品生产精神，这是许多企业创始人必须思考的问题。

在腾讯内部，张志东是资深的技术研发者，所以对于产品有着近乎完美的苛求。同样身为创始人的马化腾也十分认同张志东的产品观，所以也常常以产品经理自居。而在实际工作中，马化腾也在时刻践行着自己“产品经理”的工作职责。

作为理工男的马化腾是一个“不善言谈”的人，所以他践行产品经理指责的方法就是亲自参与到每一个产品的研发中，并且亲身体验每一个产品，而与“不善言谈”相对应的他指导工作的方式就是“连环电邮”。在腾讯内部，与腾讯超长的生产线相对应的就是马化腾深入到每一个产品生产细节的邮件，几乎每一个产品在生产的过程中都会收到马化腾的许多封反馈邮件。据统计，在微信的生产过程中，马化腾向张小龙的团队共发送了1300多份电子邮件。

马化腾每天都会花大量的时间和精力体验公司的产品和服务，他说：“我爱给自己的产品挑错，一看到成品，就知道写代码的人有没有偷懒。”即使腾讯已经拥有了十分完善的产品生产体系，马化腾也仍然没有放弃自己产品经理的这一角色，他始终保持着对于产品和技术的热诚，在马化腾看来，腾讯虽然拥有了完善的产品生产体系，但腾讯最缺乏的依然是优秀的产品经理，产品经理对于产品的生产和企业的发展具有十分重要的作用。

可以说在产品和用户之间，产品经理充当着重要的角色。在产品生产的最初阶段，产品经理需要去了解用户的需求，在这里很多时候用户的需求并不是用户所表达出来的需求，产品经理需要了解的是用户最为本质的需求。

这里有一个故事，可以很好地说明优秀产品经理的重要性。有一位女性用户想要一款打扫室内卫生的工具，普通的产品经理根据这位用户的需求生产了一款吸尘器，还有一款智能的扫地机器人。优秀的产品经理选择继续深入了解一下这名女性用户的需求，到底是为什么想要一款打扫室内卫生的工具。这位女性用户说：“因为自己居住的地方风沙比较大，所以室内经常会进入沙尘。”室内经常进入沙尘，所以她需要一款打扫室内卫生的工具，这个逻辑似乎并没有错，但在优秀的产品经理头脑之中，这却是个不合情理的逻辑，而这位女性用户的需求也是一种“伪需求”，于是这位优秀的产品经理生产了一款可以有效防止沙尘进入室内的防护工具。

一个是用户要求的打扫室内的工具，一个是能够解决用户室内进入沙尘的工具。用户会选择哪一个呢？答案很简单，解决了沙尘进入室内的问题，还有必要选择额外的打扫工具吗？

很多时候，即使是用户自身也没有办法分辨出自己的实际需求是什么。而这时产品经理就要从用户的角度去寻找用户的真正需求，然后再将用户的实际需求融入企业的产品生产中。就像上面的故事中一样，许多企业的做法都如普通的产品经理一样，没有从深层次去挖掘用户的本质需求，这种“治标不治本”的产品不仅没有办法获得用户的认可，在市场中也很容易出现同质化的竞争旋涡之中，并不利于企业的长远发展。

在一次主题为“产品设计与用户体验”的内部讲座中，马化腾强调，产品的核心功能根本宗旨就是帮助用户解决某一方面的需求，而产品经理的工作就是要让产品的功能完美的解决用户的需求，从而在市场上形成差异化的竞争。他说：“我们不能做人家有我也有的东西，否则总是排在第二、第三，虽然也有机会，但缺乏第一次出来时的惊喜，会失去用户的认同感。这时候，首要关注的就是你的产品的硬指标。”

在腾讯，马化腾不仅要求自己要拥有产品经理的思维，更对处在产品上产第一线的员工提出了这种要求，如果生产产品的人不知道生产这一产品的最终目的，那么他所做的工作也只能是机械化的工作，生产出来的产品也会是冷冰冰的机械化产品。只有产品的生产者具有产品思维，生产出来的产品才能具有生命力。

腾讯便签：

产品经理不仅仅是一个职位，一种角色，它更是一种产品生产的思维方式，一切以用户价值为依归，不断满足用户的需求，为产品增加更多的创造性元素，这才是作为产品经理应该具备的思维模式。

## 马化腾的“三问”

每进入一个新的市场领域，我都会问自己三个问题：这个新的领域你是不是擅长？如果你不做，用户会损失什么吗？如果做了，在这个新的项目中自己能保持多大的竞争优势？

——马化腾

从五个人的创始团队发展到现在数万人的互联网帝国，腾讯在不到20年的时间内，从一个小企业发展成为了市值3000亿美元的全球知名企业。在腾讯的发展过程之中，创始人马化腾每一次在进入新的市场领域时，都会反复问自己上面的三个问题。

看到马化腾的三个问题，很多人会想到彼得·德鲁克的经典“三问”：What is our business？ What will our business be？ What should our business be？德鲁克认为搞清“我们的业务是什么”，能够保证企业拥有一个正确的定位；搞清“我们的业务将是什么”，能够为企业提供一个正确的发展方向；而搞清“我们的业务应该是什么”，则会让企业及时抓住眼前的机遇，获得快速发展的机会。能够回答好这三个问题，就可以保证企业能够长远顺利的发展下去。

而马化腾的“三问”是在德鲁克经典“三问”的基础上，结合腾讯自身的发展实际总结而来的。在许多企业的发展过程中，一旦成功完成了一份规划，往往会头脑一热地马上开始下一份工作，在这个过程中缺少了对于新工作、新领域的研究和分析。他们认为既然这个困难的工作能完成，那么下一个工作也一定能完成，盲目冒进只会导致最后的失败。所以马化腾认为企业在做决策时一定要先弄清楚这三个问题。

首先，这个新的领域你是不是擅长。跨界发展已经成为时下的热门趋势，很多互联网企业开始涉足不同的行业领域。虽然很多企业是经过了细致规划之后做出的选择，但也仍有不少的企业没有对比自身的企业实力，效仿其他企业开始涉足新的领域，他们拥有资金，拥有资源，唯一缺少的就是对于新领域中用户的了解，同时更不知道自己是否能够适应这一新的领域。

其次，如果你不去做，用户会损失什么。只有维护了用户的利益企业才能获得自己的利益。技术出身的马化腾知道，产品生产要为用户带来价值，不被用户认可的产品是没有价值的。而如果了解到了用户的需求，并且自己也有能力，那就应该去做，而且还应该认真专注地投入其中。

最后，如果做了，在这个新的项目中自己能保持多大的竞争优势？很多时候企业的竞争力是由投入来决定的，这里的投入除了资金和技术之外，更多的是精力的投入。企业在进行一项新的工作时能否全身心的专注其中，始终保证产品的质量，为用户带去更为优质的服务，从而在竞争中始终保持优势地位。对于腾讯马化腾说："最初有几家有实力的企业都在做与我们类似的事，可只有我们一家公司专注于做即时通讯服务，专注使我们在技术上有了积累。其他公司多采用外包形式开发，不是自己去做；我们与他们不同，我们在后端做的工作更多，难度也更大。"

回答了这三个方面的问题，在决策者的头脑之中就已经有了一个相对清晰的未来企业的发展规划，之后的每一次尝试也就变得越来越稳妥。

2002 年腾讯决定进军游戏市场，当时中国的网络游戏市场刚刚进入爆发阶段，马化腾说："那个时候常常能看到大型网游收费，而且收入值很高，10万人在线就意味着一个月能够收入1000万，这个市场是不能忽视的。如果你在这边一点都没有位置，或者没有任何收入的话，你未来要做一些基础性研发则会出现缺少现金流的现象。”

虽然网游市场具有火爆的前景，但对于当时的腾讯来说，进入一个新的领域从头开始也是十分冒险的。所以当马化腾提出进军网游市场时，其他几位创始人都并不看好腾讯在这一领域的表现。面对这一具有潜力又充满风险的新领域时，他开始反复地思考那三个问题。

腾讯是否擅长网络游戏领域？如果腾讯不去接触网络游戏，用户会失去什么？如果腾讯涉足网络游戏行业，面对竞争对手，腾讯能够拥有竞争优势吗？经过了仔细的分析和思考，马化腾最终决定进军网络游戏市场，并且通过解释这些问题，说服了其他创始人。

其实网络游戏市场中的问题并不只有马化腾所说的这三个问题，但恰恰这三个问题是一个企业在面对新的领域是最为基本的问题，只有这些基本的问题得到了解决，才能继续去考虑其他方面的问题，如果连这些基本的问题都回答不了，那么这个新领域对于企业来说可能是并不适合的，所以即使是一意孤行地进入到市场之中，最后也将会在市场的竞争中淘汰。

从腾讯在游戏市场的发展历史，我们可以看到，腾讯游戏经历了最初的低迷之后，一跃而起并且成为中国乃至世界盈利最高的游戏公司。腾讯从最初的游戏代理发展成为了具有自主研发能力的互联网游戏公司，现在的腾讯几乎有近一半的收入来自于游戏领域的收入，试想如果当时的腾讯没有选择进入游戏领域，仅仅依靠QQ等社交软件的腾讯如何能够成为今天这样的互联网帝国。

马化腾的“三问”为许多企业在面对新业务时提供了一个良好的思路。面对新的业务领域，马化腾往往将眼光放在5年、10年甚至更加长远的未来，从长远的角度提出一些企业可能会遇到的基础性问题，这些基础性问题虽然不能完全涵盖企业在未来发展中将要遇到的问题，但是却能够确保企业在发展的过程中可以始终向前走下去，不会因为突如其来的变故而导致业务的夭折。

马化腾的“三问”所体现的也是一种面对商业问题的理性的思维方式，即使在当时的互联网行业充满了诱惑，马化腾依然理性地分析了腾讯将会遇到的问题，而没有一股脑地直接进入到网络游戏市场之中。腾讯在网络游戏市场中有着自己的发展步伐，形成了十分稳妥的发展节奏，马化腾并没有直接投入资金进行游戏的自主研发，而是通过代理外来游戏来试探市场反应，在代理游戏的过程中，腾讯逐渐摸清了用户对于网络游戏的需求点，在经过了更加深入的调查研究之后，腾讯开始了自己的自主研发之路，这也是腾讯的《天天酷跑》《王者荣耀》等游戏一经推出就成为爆款的原因。

腾讯便签：

马化腾的“三问”是一种严谨求实的工作态度，更是一种着眼未来的战略思考。每一个企业的决策者都应该有自己的“三问”，用理论去指导企业的实践，从而减少企业在发展过程中可能会出现的战略错误与未知的风险。

# “灰度法则”的七个维度

在中国的互联网市场之中，腾讯无疑是最为成功的互联网企业。很多学者和经济学家都研究过腾讯的发展历史，试图总结出一套适用于其他互联网企业的发展之路，但这么多年过去了，虽然中国的互联网市场崛起了许多新兴的互联网企业，但却很少能够有企业如腾讯这般始终能够旺盛的向上生长。可以说，腾讯的经验可以学习，但却难以复制。

研究腾讯的专家和学者总结出了许多腾讯的成功方法，腾讯内部也曾总结过自己发展过程中的一些经验和教训，这其中最具代表性的就是马化腾所提出的“灰度法则”的七个维度。这是马化腾从生态的角度，对腾讯成立 14 年来的内在转变和经验得失的总结，马化腾将之称为“灰度法则”，而在这个法则之中又包括需求度、速度、灵活度、冗余度、开放协作度、创新度和进化度七个不同的维度。

最早将“灰度”引入到企业管理中的是华为的任正非，他在《管理的灰度》之中写道：“一个企业的清晰方向，是在混沌中产生的，是从灰色中脱颖而出的，方向是随时间与空间而变的，它常常又会变得不清晰。合理地掌握合适的灰度，是使各种影响发展的要素。”任正非认为：“清晰的方向来自于灰度，一个企业的领导者重要的素质是方向和节奏。他的水平就是合适的灰度。而坚定不移的正确方向来自于灰度、妥协和宽容。”

马化腾十分认可任正非关于灰度的观点，在结合腾讯的自身发展实践和互联网企业的基本特征后，他对这一观点进行了重新地诠释和说明。他认为在新的互联网时代之中，产品创新和企业管理的灰度意味着企业要时刻保持自身的灵活性，时刻适应用户千变万化的需求，并且能够时刻顺应市场发展的潮流及时做出改变。互联网是一个开放互通、变化不断的大的生态体系，企业则是互联网生态之中的一类类物种，它需要像自然界的生物一样，在各个方面都具有与生态系统融合交汇、和谐共生的特性。

马化腾提出了一系列关于“灰度”的问题：怎样找到最恰当的灰度，而不是在错误的道路上越跑越远？怎样才能既保持企业的正常有效运转，又让创新有一个灵活的环境？怎样既让创新不被扼杀，又不会走进创新的死胡同？他将问题的结果归纳于一点，那就是在快速变化之中寻找到最合适的平衡点，而他提出的“灰度法则”的七个维度也正解释了这些问题的结果。

“灰度法则”第一个维度是需求度。用户的需求是产品生产的核心，产品对于用户需求的体现程度，也决定了企业被生态所需要的程度。马化腾将用户的需求放在了“灰度法则”的首要位置，而之所以反复强调用户需求的重要性，则在于他认为这种最为简单的东西往往是做起来最为困难的事情。

马化腾提到了一个在产品研发过程中产品研发人员经常会出现的错误：越是好的产品研发者对于自己的产品越是“关爱”，这种“关爱”体现在他们会挖空心思地将自己所有的想法全部注入产品中。好的产品要具备完美的功能，所以研发人员会在设计、技术等方面绞尽脑汁的“美化”自己的产品。但事实上用户所需要的其实只是产品的核心功能，对于一些其他方面的特别厉害的技术和设计并不关心，因为根本不会影响到他们的使用需求，所以在这些方面，研发者对于产品的过分“溺爱”往往是一种舍本逐末的行为。

马化腾认为现在的互联网产品更多地开始呈现出一种服务化的趋势，

它们更像是一种服务，所以会要求设计者和开发者更多地站在用户的角度去思考产品。全方位地感受用户对于产品的需求，去更多地倾听用户的需求，结合用户的需求运用自身的技术实力完成产品的研发和改进，这样的产品才能一步步的走向完美，获得用户的认可。

“灰度法则”的第二个维度是速度。快速实现单点突破是产品在生态中存在和发展的根本。在马化腾看来，企业在进行战略布局时往往会出现几种思想上的错误。第一点是在企业发展的最初阶段便将业务全面摊开，过分追求全面的业务布局。第二点是在产品生产上过分追求产品的完成度，总是想要将产品打磨到没有一丝一毫问题之后再推上市场。第三点是企业害怕失败，不舍得花费试错的成本，而放弃产品的创新性尝试。

马化腾所列举的这三种错误的思维方式，其核心就在于忽视了速度对于企业发展的重要作用。市场竞争是十分激烈的，任何一个产品都需要接受市场的检验，然后再接受“回炉再造”，正是这种不断循环的方式才推动了产品不断地趋于完美。如果产品不能尽快地进入市场之中，便会失去市场的先机，当竞争对手占据了市场之后再尝试进入，企业所面对的困难就会倍增。

“灰度法则”的第三个维度是灵敏度。主动求变要比被市场推着去改变更加利于企业的发展。互联网市场的形势瞬息万变，与其不断锻炼自身的应变能力，不如更好地培养自已预见市场变化的能力。这要求企业对于市场的变化要时刻保持灵敏度，当看到一片树叶将要飘落到湖中时，就要预感到湖水很快就会泛起涟漪，甚至树叶还在树枝上时，企业就要有树叶会飘落湖中的预感，并及早对其做好准备。

“灰度法则”的第四个维度是冗余度。马化腾认为企业应该容忍失败，允许适度浪费，同时鼓励内部竞争，不断试错，不经历失败就不会发现问题的所在。在面对创新的问题上，允许适度浪费，为创新提供一个相对便利的条件，在企业资源允许的前提下，尽可能地去尝试新鲜事物，即使失败也是一种经验的总结。企业不断试错的过程就是通向成功的一条捷径。

“灰度法则”的第五个维度是开放协作度。选择开放，寻求合作，打造一种良好的市场竞争环境，任何的恶性竞争都可以转化为协作性的创新行动。在新的互联网时代之中，平台创业已经成为市场发展的一个重要趋势，许多大的互联网企业要发展平台，并且对外开放，这是由互联网发展的大趋势决定的。

互联网最基本的特征就是连接、开放、协作和分享，这种相互协作的方式不仅对与自己有益，对于他人也是有益的，这也是打造一个健康和谐的生态系统的重要步骤。通过平台，企业与企业间加强交流与合作，不仅能够减少资源的消耗，还能够更好地抓住用户对于产品的核心需求点，在获得经济效益的同时，推动市场向前发展。

“灰度法则”的第六个维度是进化度。进化度从实质上来说，即使一个企业在文化、组织结构上是否能够具有资助进化、自由生长、自我修复的能力。这在传统的企业组织形式中很难实现，但在新型的生物型组织形态中是存在可能的。在外界看来，这种组织形式似乎很混乱，但其实这是组织在自然地生长进化，寻找创新的可能性。

“灰度法则”的第七个维度是创新度。在这里，马化腾提出了“创新不是原因，而是结果；创新不是源头，而是产物”的观点。在他看来，如果一个生态型的企业能够做到“灰度法则”前面的几个维度，那么创新就会从灰度空间中源源不断地涌出来，所以企业要做的就是创造生物型组织，不断拓展自己的灰度空间，为未来创造更多的可能性。

在“灰度法则”之中，马化腾将互联网比喻成了大自然，他认为互联网的发展也可以像自然一样，并不是简单的增长，而是一种跃进式的发展。作为腾讯十几年发展历程的经验总结，马化腾的“灰度法则”为互联网企业提供了一个新的发展思路。

腾讯便签：

腾讯的成功经验被马化腾总结为“灰度法则”的七个维度，但对于互联网企业来说，结合自身的实际情况加以应用才是正确的学习方法，生搬硬套知识经验并不利于企业的发展。

## 开放转型的“马八条”

相比于发展初期的腾讯，现在的腾讯帝国更加庞大，也更加健康，甚至在发展空间上，即使腾讯已经在许多领域中扎根多年，但仍然具有如新生般的生长潜力。现在充满活力的腾讯帝国得益于其多年来的开放政策，腾讯的发展，正如历史长河中的王朝一样，“闭关锁国”导致危机出现，“对外开放”则带来新的未来。腾讯的转型之路开始于2010年年底，经过了几年来的发展，已经形成了一个开放共享的和谐生态体系。

提到腾讯的开放转型，就不得不提及马化腾所论述的八条论纲。这是马化腾在2010年参加中国企业领袖年会时演讲中提到的几点理论纲要，正是在这些理论纲要的指导下，腾讯开始了自己的开放转型之路，从而缔造了今天的腾讯帝国。

这八条理论纲要是马化腾根据当时的互联网行业形势和腾讯发展中遇

到了各种问题，总结提炼的一些个人关于这些问题的看法，虽然这是马化腾个人对于互联网问题的一个总结，但这些内容对于互联网企业来说，这些内容却具有重要的指导作用，不仅腾讯依靠这些内容完成了开放转型，许多互联网企业也因此获益匪浅。

“马八条”是媒体对于马化腾这次演讲内容的总结，其内容主要有：

第一，互联网即将走出历史的“三峡时代”，激情会更多，力量会更大。互联网在中国已经发展了许多年，随着电脑的普及程度不断加深，越来越多的人开始接触到互联网，到今天，人们对于互联网的新鲜感虽然在渐渐流失，但互联网已经成为融入人们生活之中的重要工具，可以说，人们将通过互联网去改变未来的历史，而这对于互联网企业来说则是一个最好的创新时代。

第二，客户端将不再重要，产业上游的价值将重新崛起。对于腾讯来说，依靠 QQ 客户端这一强势渠道，产品可以更容易接触到用户。但随着互联网行业的发展，腾讯所依赖的渠道已经不再具有优势，对于互联网企业也同样如此，可以说价值链在互联网产业链中正在往上游转移。所以对于过分依赖客户端而发展的互联网企业来说，这将是一个重大的危机。

第三，“垄断”是一个令人烦恼的罪名，但有的时候确实是一个假想的罪名。在互联网行业的发展变迁之中，任何一个企业都不可能置身于变革之外。现如今的互联网市场之中，“垄断”只是一种名存实亡的存在，在新的互联网时代中，发展产业链才是企业发展壮大的关键所在，也是应对产业变革的最好方法。

第四，截杀渠道者仅仅是“刺客”，占据源头者才是“革命者”。在新的互联网时代中，互联网行业和传统产业将逐渐融合到一起，也正因此，产业链的上游将会变得越来越重要。产品和服务取代渠道成为企业发展的最重要因素。从腾讯的角度来看，QQ 丧失渠道优势之后，全力打造产业链的价值源头成为腾讯的重要举措，通过产品和服务占领新的互联网市场成为腾讯长远的发展目标。

第五，广告模式是“产品经济”的产物，知识产权模式是“体验经济”的宠儿。在产品经济时代，企业在销售产品时，不得不通过媒体为产品打造知名度和名誉度，从而吸引更多购买者的注意力。虽随着产品经济的日渐式微，体验经济成为所有产业的一个价值源头，这也为企业产品的推广提供了更多的新的可能性。在体验经济时代，媒体内容将成为一种独立的产业，它将通过不同的形式发挥其作用，同时媒体内容也将融入其他产业中，成为一个新的价值源头。

第六，不要被“免费”吓倒。拥有“稀缺性”，就拥有了破解免费魔咒的武器。长期的品牌投资，独特的产品体验，良好的产品包装成为制造产品稀缺性的重要因素。具有稀缺性的产品在市场之中，更加具有竞争力，更容易获得较高的经济回报。

第七，产品经济束缚人，互联网经济将解放人。在未来的互联网世界之中，拥有独特魅力的独立的个人将成为最终的价值源头。聚合更多的个人价值，为更多人提供实现自我的平台，将个人的创新潜力凝聚成庞大的商业价值，这应该成为未来互联网企业的发展愿景。释放人的价值将成为互联网对于社会发展的重大贡献。

第八，在“云组织”时代，“伟公司”不见得是“大公司”。作为未来社会的主要形态，“云”将成为聚集社会资源的重要方式，云组织形态将成为未来互联网企业发展的常态。“云”将通过最优的结构配置来合理分配资源，高效的利用互联网企业之间的资源互通，从而更好地促进互联网市场的发展。

在这次演讲中，马化腾提出了腾讯的开放转型计划，通过半年的时间来调整腾讯在未来互联网市场中的发展方向等问题，在调整之后，腾讯将秉承开放共享的原则，在与其他企业的合作中，更好地谋求未来的发展。马化腾所提及的开放和共享，就是以释放人的价值为着眼点，将个人自愿作为立足点，通过云组织来凝聚，云创新来推动的一种企业发展的新模式。

如今腾讯的开放转型已经过去了七年的时间，在这一段时间中，我们看到了腾讯一步步发展、崛起，并且登上了中国互联网行业的顶峰。从效果上看，腾讯的开放转型是成功的，而这种成功则不得不归结于马化腾及腾讯整个管理层对于互联网经济和互联网技术发展趋势的精准判断，根据对于互联网形势的判断，及时调整企业的发展步伐，从而更好地应对即将到来的挑战，并将可以预见的挑战转化成为企业发展的机遇，可以说，这正是腾讯帝国不断崛起的原因所在。

腾讯便签：

企业家在脚踏实地的谋求企业发展的同时，应该将目光放在更为长远的未来，时刻盯紧市场形势的变化，及时做好应对挑战的准备，因为在时代的洪流面前，即使是再高耸的大山，也有遭遇崩塌的危险。

## 忽视眼前利益，口碑建立在服务第一上

在现在的市场竞争之中，很多时候往往企业的产品还没有推出上市，但产品的宣传活动就已经如火如荼地开展了起来。为了更快地抢占市场空

间，企业往往选择在营销方面花费大量的资金。这种做法虽然在一定时间内能够吸引到用户的注意，促进产品的销量，但是从长远上来看，决定产品盛衰兴亡的关键还是产品的质量，一个产品到底好不好，是由用户来决定的，用户的口碑是决定产品能否获利的关键。

一些企业盲目地在营销宣传方式上“砸钱”的做法是错误的，通过营销宣传，短时间内获得用户支持，但从长远角度，当用户发现产品并不能满足自己的需求时，原有的营销红利也就随之消失。企业过分看重眼前利益，而不去从长远的角度去思考产品的发展之路，恰恰犯了舍本逐末的错误。

用户的口碑才是产品最好的宣传广告。随着互联网市场的不断发展，用户已经从原来的被动的信息接收者，变成了拥有自主意识，能够分辨市场中的信息的主动的信息采购者。对于那些过分宣传的产品，用户可以轻易地看穿其中的破绽。由于市场中可供选择的产品越来越丰富，所以用户并不需要执着于单一的产品上，通过比较不同的产品，用户将选择出最能满足自身使用体验的产品。

互联网市场的变化决定了企业在产品推广时不能继续使用旧的营销宣传方式，在现阶段，花高价为产品进行广告宣传，并不能取得预期的效果。现在的市场营销已经慢慢地向口碑营销转化，企业不再单纯地进行产品的功能特性宣传，而是开始从用户体验的角度出发，注重用户口碑的营造，在不断完善产品配套服务的同时，将用户牢牢地“捆绑”在产品上。

马化腾认为，口碑并不是通过花费金钱就能够得到的，企业一定要有实实在在的产品，能够满足不同阶层用户的需求，只有这样才能形成广泛的用户口碑，企业的品牌才能具有更多的内涵。在文化娱乐方面，腾讯拥有众多口碑卓越的产品，而之所以能够生产出这么多被用户认可的产品，马化腾认为，时刻关注用户的使用体验是最主要的原因。在很多时候，用户的体验决定了产品的发展方向。

马化腾认为产品的口碑营造最主要的方法就是从产品服务入手，不断完善产品的功能。他认为在做好产品的核心功能后，常用的功能是需要不断补充的，产品在细节之处的创新永远不能停止，通过产品功能性的创新为用户提供更好的服务，这样才能为产品带来一个良好的口碑。而在进行产品功能的完善时，每一个功能的增加都需要考虑清楚，站在用户的角度去看待这一功能，产品的功能不一定用的人多才算好，只有用户使用了之后认为好才是真正的好。

对于产品细节完美的追求，马化腾认为即使是电子邮箱中一个小的“返回”按钮的位置，在产品研发时也要仔细琢磨。而当产品上线之后，当用户拥有多个邮箱时，如何默认选择他最近使用的一个邮箱账号也是研发人员需要认真对待的事情。通过调整这些微小的细节为用户提供更好的使用体验，虽然大多数用户可能感觉不到这种变化，但用户会从整体上对产品有一个好的印象。

这其中便已经涉及了用户服务方面的内容。很多人认为用户服务主要是用户在购买产品和使用产品时获得的销售和售后服务。其实对于用户的服务，早在产品的生产研发阶段就已经开始了。产品生产起始于用户对于产品的使用需求，产品的生产过程也就是不断满足用户需求的过程，所以产品的生产首先就是一种企业对于用户的服务行为，在产品生产过程中，通过不断了解用户想要获得的使用体验，从而将其注入到产品生产的过程之中，在每一个细节中让用户获得更好的使用体验，这些都是企业的用户服务内容。

当然在产品销售出去后，产品的售后服务也是产品口碑营销的关键内容。没有哪一种产品是十全十美的，一些存在于产品中的问题可能在研发过程中并没有出现，但却在用户使用的过程中发现了问题。这时，直面已经发生的问题，积极寻找稳妥的解决方法，是企业最为正确的选择。企业无法完全避免产品问题的出现，却能够避免产品问题出现造成负面的影响，有时正确地处理问题的方法将会为产品的口碑带来正面的影响。

马化腾认为产品想要营造口碑还需要关注高端用户和意见领袖这一群体。高端用户一般对于产品的功能性要求较高，所以首先需要把产品的基础功能做好，而当产品的基础功能完善之后，再去追求一些高端用户的个性化的需求。高端用户一般是在某些领域或圈子中具有影响力的群体，随着微博、贴吧和微信等新媒体的发展，在社交领域意见领袖的作用越来越明显。所以抓住了高端用户，也就能影响其所在的整个社交圈的用户，从而形成群体性的产品口碑。

腾讯社交网络事业群总裁汤道生曾提到，口碑相传是最为有效的获取新用户的方式，而社交网络则大大降低了口碑相传的门槛，并且成为最为高效的传播场景。在社交平台上，用户与用户之间可以随时随地的相互交流产品的使用体验，通过从他人口中得到的信息，用户会去寻找产品中相对应的问题，好的信息和坏的信息都将会通过社交网络迅速发酵、传播，好的信息将成为产品的口碑，更好地为产品进行宣传；坏的信息则会成为产品的致命弱点，一传十十传百，不断地为产品制造不好的负面影响。

腾讯的产品之所以能够获得众多用户的认可，主要是通过提高用户服务水平，完善产品功能等方法来完成的。积累用户口碑是企业产品推广的关键，也是企业品牌号召力塑造的关键。

腾讯便签：

建立产品口碑需要从用户体验出发，不断完善产品的功能，为用户提供差异化的个性服务，从而获得用户的认可，形成口碑效应。

# 集体智慧造就企业成功

很多时候，我们在谈论一个企业成功的原因时，往往会从产品技术、市场营销、发展战略方面去分析，这些都是企业成功的重要因素。但就是在分析这些重要因素时，我们往往会忽略一个并不经常出现，但对于企业成功也具有重要作用的因素，那就是集体智慧。集体智慧不仅在企业中，在任何一种组织形态中都发挥着重要的作用。

大到一个国家小到一个团体，只要是有人群聚集的地方，就需要集体智慧的存在。在我国古代时期，即使是高度集权的君主专制体制下，仍然需要集体智慧发挥作用。历朝历代，皇帝都有专门的“智囊团”，虽然最终的决策权在于皇帝本人，但“智囊”们的集体智慧对于皇帝的决策起着重要的影响作用。

到了现代，这种“智囊团”依然存在于国家之中，摆脱了专制主义的思想，集体智慧的范围逐渐扩大，在社会主义现代化的中国，每一个公民都可以对国家的发展建言献策，国家的大政方针的实施也需要通过人民代表大会的审议和监督。虽然我们可能感觉不到集体智慧的存在，但作为集体中的一分子，我们每个人的思想都是集体智慧的重要组成部分。

而作为企业，不论是国有企业还是私有企业，虽然最终的决策权在于最高层，但企业集体智慧的发挥对企业的发展具有重要的作用。企业的领导者在进行企业的决策时，需要广泛地听取其他成员的意见，通过了解不同职层员工的不同想法，最终决定企业的发展走向。尤其是当企业的规模发展到一定程度后，任何的决策失误都将对企业的发展造成深远的影响。

在马化腾看来，腾讯的成功在很大程度上是依靠集体智慧获得的。任何一个人都没有办法预测和操控未来的市场发展，只有通过分工协作，依靠集体智慧，从而安排好各自的分工和管理权限，群策群力，才能在互联网市场这片汪洋中，牢牢地掌控住企业的发展方向。

除了在企业内部提倡集体智慧，在互联网行业的市场中，马化腾还提出了连接一切的互联网企业发展理念。随着移动互联网的日益发展，互联网行业与传统行业开始逐渐的连接起来，互联网金融、互联网医疗、互联网教育等概念开始出现，传统行业开始借助互联网企业的力量，通过互联网搭建起自己的行业应用。而对于互联网企业来说，与传统行业的连接也符合市场的发展规律。

马化腾指出每一个行业领域都有其困难的地方，外部行业想要进入其中并不容易，只有各行各业连接在一起，全部都动起来，才能够在移动互联网时代取得更为长远的发展。而借助互联网，腾讯希望打造一个全行业的互联网平台，作为互联网的连接器，将互联网企业与海量的用户资源连接起来，从而打造一个健康和谐的互联网生态体系。

集中全行业的智慧，在协同合作的基础上谋求共同发展，这也是集体智慧发生作用的一种形式。区别于企业内部的集体智慧，这种行业间协作交流而产生的集体智慧，更加有利于企业在市场之中的发展，对于整体的市场环境的营造也起到了重要的作用。

上面所提及的集体智慧并不能等同于一种群体智慧，群体智慧讲求的是一种少数服从多数的思维方式，而集体智慧则要求选取群体中的最优智慧，将群体的智慧组合优化后，得到的就是集体智慧。在移动互联网时代，集体智慧借助互联网技术逐渐成为影响企业成功的重要因素。

腾讯便签：

马化腾将腾讯的成功归功于集体的战略智慧、执行力和自发的危机感，可见集体智慧对于企业成功的重要作用。集体智慧可以帮助企业完成产品创新，同时也能减少企业遭遇风险的可能性，是企业推动企业走向成功的重要因素。

# 参考文献

[1] 吴晓波 . 腾讯传 [M]. 浙江：浙江大学出版社，2017.

[2] 宋爽劲 . 新腾讯 [J]. 新经济，2014.

[3] 曹小林 . 开放腾讯的众乐性力量 [J]. 互联网周刊，2013.

[4] 周雪松 . 腾讯正转型“全能型企业”[N]. 中国经济时报，2017.

[5] 彭垚 . 腾讯帝国真相 [M]. 北京：电子工业出版社，2016.

[6] 蔡恩泽 . 腾讯这只小企鹅是如何炼成巨无霸的 [N]. 中华工商报，2017.

[7] 吕英刚 . 腾讯学院的基因 [J]. 中国商界，2015.

[8] 刘旸 . 腾讯下半场：IP 生态泛娱乐战略 [J]. 互联网经济，2017.

[9] 董慧明 . 腾讯公司企业社会责任营销研究 [D]. 深圳：深圳大学，2017.

[10] 石岩 . 腾讯公司盈利模式研究 [ D]. 北京：北京化工大学，2014.